Isabella Farkasch

Die Weisheit der 13

Isabella Farkasch

Die Weisheit der 13

Symbolik und Mystik der Zahlen

 GOLDEGG VERLAG

Der Verlag und seine Autorin sind für Reaktionen, Hinweise oder Meinungen dankbar. Bitte wenden Sie sich diesbezüglich an verlag@goldegg-verlag.com.

Der Goldegg Verlag achtet bei seinen Büchern und Magazinen auf nachhaltiges Produzieren. Goldegg Bücher sind umweltfreundlich produziert und orientieren sich in Materialien, Herstellungsorten, Arbeitsbedingungen und Produktionsformen an den Bedürfnissen von Gesellschaft und Umwelt.

ISBN Print: 978-3-99060-086-3

© 2018 Goldegg Verlag GmbH
Friedrichstraße 191 • D-10117 Berlin
Telefon: +49 800 505 43 76-0

Goldegg Verlag GmbH, Österreich
Mommsengasse 4/2 • A-1040 Wien
Telefon: +43 1 505 43 76-0

E-Mail: office@goldegg-verlag.com
www.goldegg-verlag.com

Layout, Satz und Herstellung: Goldegg Verlag GmbH, Wien
Druck und Bindung: EuroPB, CZ

Inhaltsverzeichnis

VORWORT

Wenn Sie sich nicht einlassen wollen auf Unbeweisbares, mit in unserer Zeitperiode anerkannten wissenschaftlichen Methoden weder Veri- noch Falsifizerbares, dann legen Sie dieses Buch bitte gleich wieder weg. Doch wenn Sie ein Wissen abseits der klassischen naturwissenschaftlichen Welterklärungen anzieht, wenn Sie hinter die Kulissen unserer aufgeklärten Daseinsbeschreibungen blicken wollen, dann lade ich Sie ein, sich einzulassen auf Märchenhaftes. Dass diese Wirklichkeit werden können, habe ich während der Arbeit an diesem Buch in unglaublichem Ausmaß erfahren dürfen. Seit 2005 schreibe ich Märchen, zunächst zu meiner eigenen Unterstützung, seit 2014 auch für meine Leserinnen und Leser. In diesen Jahren erfuhr ich immer häufiger, dass Wunder sich ereignen können. Ich kann es zwar nicht untermauern mit Statistiken oder Testreihen, doch ich glaube, dass mich die Regel des Märchenschreibens, dass sie immer gut enden müssen, in meinem Denken und meinen Erwartungen so stark unterstützt, dass sich meine langgehegten Wünsche nun endlich realisieren konnten. Während der Arbeit an diesem Buch geschah nämlich Unglaubliches: Bisher lebte ich in einem Haus, das eher der Hexe Kniesebein zugeordnet werden konnte als, wie wohlmeinende Klientinnen meinten, dem durch Dornenhecken von der Welt abgeschirmten Dornröschen, auch die Addams Family hätte sich dort vermutlich wohlgefühlt. In den Wintern überlebte ich die meiste Zeit unter meiner flauschigen Wolldecke, doch das Grundstück lag so günstig, dass ich fest daran glaubte, dass dort einst ein schöner Ort zum Wohnen entstehen könne. Ich malte mir Details aus, schmiedete Pläne, ich wusste ziemlich genau, wie es mal aussehen sollte.

Die Qualität des Platzes erkannte – und nun verwirklichte sich das Märchen – eine Familie mit Kindern und dem nötigen Budget zur Realisierung. Eines schönen Tages Anfang Mai standen sie einfach vor meiner Türe und wollten das Grundstück kaufen. Doch auch ich wollte weiterhin naturnahe wohnen und meine Stadt nicht verlassen. Und tatsächlich, wenige Wochen später war ich Besitzerin eines doppelt so großen Grundstücks, mit unfassbar schöner Aussicht auf Weinberge, Wald und Donau, inklusive dem Hügelland des gegenüberliegenden Ufers. Und eines größeren Hauses, mit ordentlicher Heizung und allem, was eine wohnbare Umgebung benötigt und den Raumdimensionen, die ich mir all die Jahre ausgemalt hatte. Und, nicht zuletzt und sehr wesentlich, unglaublich netten und gemeinschaftsorientierten Nachbarinnen, die mich, kaum dass ich eingezogen war, freudig in ihrer Mitte begrüßten. Seitdem vergeht kein Tag, an dem ich mich nicht wie im Märchen fühle.

Ihnen wünsche ich, dass Sie von dieser Energie mitnaschen können, dass sich Ihre sehnlichsten Wünsche erfüllen mögen. Auch der Held des vorliegenden Buches bricht auf, um Wünsche erfüllbar werden zu lassen. Die Zahlen und ihre Weisheit aber führen ihn vor allem zu sich selbst. Genau das macht für mich die Faszination der Zahlenkabbala aus, und wurde zum Leitspruch meiner Seminarbewerbungen: »Erkenne, wie du gemeint bist« – in Anlehnung an Dostojewskis Zitat: »Einen Menschen lieben, heißt ihn so zu sehen, wie Gott ihn gemeint hat.«

Isabella Farkasch

Der mutige Reiter und die dreizehn Weisen Frauen

Einst lebten dreizehn Schwestern in ihrer Burg hoch oben auf dem Gipfel des höchsten Berges im Land. Von dort hatten sie die beste Übersicht, behielten das ganze Land im Auge und jede wusste im Augenblick, wo sie gebraucht wurde. Weil jede in eine andere Richtung blickte, entging den Dreizehn nichts, wofür ihr Einsatz benötigt wurde. Die Schwestern, bekannt als die *Weisen Frauen*, waren hochgeachtet und niemand konnte sich an eine Zeit erinnern, in der es anders gewesen wäre.

Sie unterschieden nicht, ob reiche oder arme Menschen ihrer Hilfe bedurften, für Tiere oder Pflanzen waren sie ebenso hingebungsvoll zur Stelle. In jeder Jahreszeit luden sie zu einem Treffen aller hilfreichen Geister in ihr Schloss, da tauschten Elfen, Zwerge und Feen Erfahrungen aus, erörterten Probleme und bahnten neues Zusammenwirken an. Gelegentlich versuchte auch ein Troll sich einzumischen, der dann mit einem großen Topf Brei vor die Türe gesetzt wurde, dort sollte er darauf achten, dass keine weiteren Störgeister die artenreiche Versammlung durcheinanderbrachten. Riesen gab es zu dieser Zeit keine mehr, das war gut so, denn für diese hätte das Schloss keinen Platz mehr gehabt, ohnedies war es bei diesen Konventen zum Bersten voll, selbst allerlei Zaubertiere drängten sich in die letzten freien Ritzen und Kojen. Einige waren von sehr weit angereist, von langer Kundschaft zurückgekehrt berichteten sie von Bräuchen und Riten aus fernen Ländern, wussten so manchen neuen Zauberspruch, präsentierten geheimnisvolle Tränke in wohlgeformten Glasgebilden oder wundersame Gegenstände und Kleidungsstücke aus kostbarem, im Lande der Weisen Frauen unbekanntem, Gewebe.

Diese Begegnungen sorgten dafür, dass die Schwestern ihre Weisheit beständig vermehrten und teilten mit denen, die danach erneut hinauszogen in die Dörfer und Städte des Landes oder auch bis ans Ende der Welt. Wie ein unsichtbares Gespinst aus Weisheit und Wissen legten sich die gewonnenen Erkenntnisse über die Länder. So gelangte Hilfe jederzeit rasch dorthin, wo es ohne sie nicht reichte.

Die Dreizehn waren Hüterinnen des alten Wissens, das aus Urzeiten überliefert war und von Geburt bis Tod alle Bereiche des menschlichen Lebens sinnerfüllte. Für jeden Abschnitt des Lebens, jedes prägende Ereignis wussten sie eine Weisheit, die sich eine zur anderen fügte, bis schließlich ein Leitfaden entstanden war, an den sich auch alle hielten, denn er diente dem friedlichen Zusammenleben, benachteiligte niemanden und ließ gleichzeitig jeden in seiner Würde und Freiheit ungehindert. Tiere und Pflanzen des Landes waren Teil dieser freudvollen Gemeinschaft, ein jedes hatte seine Aufgabe, sie dienten einander und wussten vom Geheimnis der Wiederkehr.

Doch mit dem Lauf der Zeit veränderte sich die Luft, die Winde nahmen zu, die Sonne verbarg sich öfter als zuvor und die Pflanzen hatten Mühe, ausreichend Frucht zu tragen, um alle Lebewesen des Landes ausreichend zu ernähren.

Die dreizehn Schwestern hatten die Veränderung schon eine lange Weile bemerkt, hatten sie auch dort und da ein wenig aufhalten können, doch ihr innewohnendes Wissen verriet ihnen, dass es nicht zu ändern war, dass Kälte und Dunkelheit ins Land kommen würden und sich eine Wandlung hin zu schwerem und arbeitsvollem Leben vollzog.

Mit der Verdüsterung hatte sich auch ein König ins Land begeben, der ließ eine Burg bauen, so trutzig, dass ohnedies niemand Lust danach verspürte, einzudringen, doch hätte er es gewagt, eine wilde Horde in Blech gehüllter Gestalten hätte sich ihm in den Weg gestellt, um ihn das Fürchten zu lehren.

Dieser König war ein trauriger Mann, er hatte nun zwar ein Land gefunden, und eine schöne Frau teilte sich mit ihm die königlichen Beschäftigungen, doch all die Jahre wollte es nicht gelingen, dass ihnen ein Kind geboren wurde und den Fortbestand ihres Geschlechtes sicherte. Eines Tages ritten der König und seine Gemahlin in den Forst, der sich weit um die Burg herum bis ins Tal erstreckte, um sich mit dem Jagen ein wenig die trüben Gedanken zu vertreiben. Als der König eben seinen Bogen hob, um eine prächtige Hirschkuh hinzustrecken, da stand auf einmal ein hutzeliges Männchen vor ihm, das mit strenger Gebärde den Arm hob und ihm Einhalt gebot.

»Du König, den keiner gerufen hat, der du aber nun mal hier bist, du wirst nicht glücklicher, wenn du das Wild erlegst. Nütze lieber deine Zeit, um den Rat der weisen Schwestern einzuholen, wie du Leben in deine Trutzburg bringst statt totes Fleisch!« König und Königin verharrten erstarrt, das Männchen verschwand ebenso schnell wie es aufgetaucht war und umso länger dauerte es, bis die kinderlosen Eheleute erstaunt zu sich kamen. Warum hatte ihnen bisher niemand von den *Weisen Frauen* berichtet, ihnen niemand geraten, sie aufzusuchen? Sie riefen die Dienerschaft, die sie in den Wald begleitet hatte, begierig zu erfahren, ob jemand die *Weisen Frauen* kenne und wisse, wo diese zu finden seien.

Nun wussten die armen Leute nicht weiter, denn sie

fürchteten die Strafe des Königs. Doch nicht aus Absicht hatten sie ihm die Existenz der Schwestern verschwiegen – für sie waren diese ein so selbstverständlicher Teil ihres Lebens gewesen, dass keiner von ihnen bedacht hatte, dass der König von ihnen keine Kunde haben könnte. Auch waren sie gewohnt, dass die Weisen Frauen selbsttätig eingriffen, niemand musste andere erinnern, diese um Hilfe zu bitten. Doch wie sollten sie das dem König erklären? Also schwiegen sie lieber und zuckten einfältig mit den Schultern. In dieser Zeit kamen die Kinder mit zur Arbeit – wer hätte sonst auf sie achten sollen? – und außerdem mussten auch sie anpacken, jede Hand war gefragt und manches konnten zierliche Kinderhände ohnedies besser als die groben, mit Schwielen übersäten Hände der Älteren. Und so war es ein kleines Kind, das nichts von den Ängsten der Großen wusste und redete, wie es aus ihm herauskam. Es lief in des Königs Nähe herum und plapperte einen Aufzählreim vor sich hin:

Dreizehn sind's, die über uns schau'n, dreizehn sind's, denen wir vertrau'n

Wer alt war und krank, mit der Dreizehn versank.

Wer sich richtet sein Haus dient der Zwölf und geht raus.

Wer mit Elf sich gemein macht, sinnt andernorts sacht.

Wer zehne zählt, der hat Neues gewählt.

Wer mit Neun sich versteckt, geht raus und ist weg.

Wer begleitet die Acht, geht im Kreise und lacht.

Wer mit Siebene schwingt, hört, wie fern es erklingt.

Wer sechs Grenzen erreicht, sucht, wem er jetzt gleicht.

Wer die Fünfe erspäht, wird nicht mehr gewählt.

Wer ordnet mit Vier, bleibt nicht mehr hier.

Wer die Dreie genießt, geht hin, wo es fließt.

Wer als zwei noch im Kreis, wird dennoch kein Greis.

Wer die Eins dann erringt, als Letzter gewinnt.

Das Herrscherpaar hatte verwundert den seltsamen Formeln gelauscht und gebot dem Knaben, sich zu erklären. »Welch merkwürdigen Reim hast du da gesprochen, was hat es damit auf sich?«, fragten sie freundlich das Kind, um es nicht zu verschrecken – die Hoffnung auf eine mögliche Erfüllung ihres Herzenswunsches hatte sie achtsam gemacht. Das Kind blickte erstaunt auf die beiden:»Das haben uns die dreizehn weisen Schwestern geschenkt, damit wir spielen, ohne zu zanken. Kennt ihr das nicht? Wart ihr nie Kinder?« – Ach, was wusste so ein Kerlchen über Königskinder, immer waren sie von Aufpasserinnen und Hauslehrern beobachtet, unbeschwertes Spielen um des Spielens willen hatten sie nie gekannt.»Sag, wo finden wir denn diese Schwestern, die so besonders sind, dass niemand über sie sprechen möchte?« – »Das weiß ich nicht so genau, ich war ja nie dort, aber der Schreiber im Dorf, der kennt eine, die einmal einer der Dreizehn begegnet ist, weil sie in großer Not gewesen war. Die könnte den Weg schon wissen.«

Rundum entstand Gemurmel unter dem Hofstaat, denn freilich wussten sie von den Schwestern, doch wo genau sie wohnten, war ihnen unbekannt. Der Hinweis auf den Schreiber half ihnen aus der Zwickmühle, denn zu dem konnten sie das Königspaar schon führen, und der brauchte auch nichts zu fürchten, denn er ahnte ja nichts von der königlichen Sehnsucht nach einem Kind. Ein ehrgeiziger junger Reiter sprengte aus dem Gemenge und erbot sich als Kundschafter, den Schreiber zu befragen.»Wenn du die Schwestern ausfindig machen und ihren Rat gewinnen kannst, dann soll es dein Schaden nicht sein«, sprach der König im gewohnt herrschaftlichen Ton, der Reiter verbeugte sich, wie es die Sitte gebot, und ritt drauflos.»Tapferer und tüchtiger Mann«, murmelte der König noch und trug seinem Adjutanten auf, den Namen vorzumerken für einen Ritterschlag. Die anderen aber waren froh, unbehelligt geblieben zu sein, und der ganze Tross kehrte in die Trutzburg zurück. Dort angekommen betrachteten König und Königin ihre Heimstatt mit neuen Augen. Die Hoffnung auf eine mögliche Geburt ließ sie erkennen, dass das düstere und abweisende Gemäuer kein einladender Ort für ein Kind war.

Und weil es eine ganze Weile dauert, bis ein Schloss errichtet ist – denn über Nacht gelingt so etwas nur im Märchen und auch dann nur, wenn überirdische Geister mitwirken –, beschlossen sie, ein Lustschloss in Auftrag zu geben, in dem sie als umsichtige Eltern schalten und walten und die Geschicke des Landes mit Sorgfalt lenken wollten. Im ganzen Land wurde nach Architekten und Bauleuten gerufen und geschäftiges Überlegen und Planen erfüllte die dicken Mauern. Gleichzeitig erschien das Land ein wenig heller, und Hoffnung keimte allerortens in allen Herzen auf.

Indessen war der junge Reiter beim Schreiber gewesen, hatte dessen Schwester befragt und war von ihr wiederum zu einer Magd in einem anderen Dorf geschickt worden. Von dieser erfuhr er, dass es ein Ritt von dreizehn Meilen sei, auf dem er dreizehn Dörfer und dreizehn Täler mit dreizehn Hügeln hinter sich lassen müsse. Danach wären dreizehn Flüsse zu überqueren und schließlich würde er einen hohen schmalen Fels erreichen, auf dessen Zacken die Kammern der Schwestern zu einem schlossartigen Gebäude aufeinandergetürmt zusammengefügt seien. Um dorthin zu gelangen, müsse er dreizehn Rätsel lösen. Sie gab ihm eine Kette mit ebenso vielen Glöckchen mit auf den Weg, für jedes Rätsel eines, ihr Lied würde ihm die jeweilige Lösung singen.

Mutig machte er sich auf den Weg. Vor echten Gefahren hatte sie nicht gewarnt, nur beschwerlich würde der Ritt wohl werden, doch der angekündigte Dank seines Herrn war guter Treibstoff. Es ging flott voran, die Sonne belächelte wohlwollend seinen Ritt, in den Dörfern labten ihn die Leute mit Stärkung und manche baten um die Überbringung einer Botschaft oder einer Frage an die *Weisen Frauen*. Die Landschaft war sanft, Täler und Hügel wechselten einander beschaulich ab, dunkle Wälder ließ er beiseite. Nur das dreizehnte Tal war ein ungewöhnlich tiefes, gefurcht von den

Kräften des ersten der dreizehn Flüsse, die es zu überqueren galt.

Ein schmaler Pfad führte hinab zu dem von weißen Kieselsteinen leuchtenden Bett, in dem opalglänzendes Wasser dahinsprudelte. Die scheinbare Beschaulichkeit hätte den Reiter aufmerksam machen können, doch seine bisher ungestörte Reise hatte ihn alle Vorsicht vergessen lassen. Das Wasser schien seicht, bunte Steine unter dem klaren Wasserspiegel sorgten für den Opalglanz. Ungeduldig trieb er sein Pferd an, ihn durch die sanft erscheinenden Wellen hindurchzutragen. Doch Tiere sind oft klüger als von stolzem Willen angetriebene Menschen. Der Hengst, der seinen Reiter den weiten Weg ohne Murren und Widerstand getragen hatte, wollte sich keinen Huf weit ins Wasser bewegen, immer wieder wich er zur Seite aus, um jedenfalls im Trockenen zu bleiben. Kein Zureden, kein Sporentreten, kein Peitschenhieb hatte Erfolg, eine magische Wand schien Ross und Reiter vom wässrigen Element zu trennen. Der Botschafter des Königs aber fühlte sein Wollen immer stärker anwachsen, als schwemmte jede vorbeifließende Welle eine Dosis mehr an Bestimmtheit und Eigensinn herbei. Er stieg ab und gedachte, zu Fuß das Wasser zu durchqueren, sein Ross würde ihm dann hoffentlich folgen. Gerade setzte er zum ersten Schritt an, da entstieg dem seichten Gewässer ein schillernder Dunst, sich zur beständig wandelnden Gestalt formend. Gleichzeitig verdüsterte sich der Himmel in ein gewitterschwangeres Blaugrau und aus der Ferne grollte ein Donner heran. Das Pferd bäumte sich auf und galoppierte durchs Tal, und entschwand in der Ferne. Der wagemutige Jüngling stand erschrocken da, sein Pferd war entflohen und vor ihm schwankte drohend das dunstige Wesen, dem der Donner wortlose Stimme zu verleihen schien. In seiner Not begann der Reiter aus dem Gefolge des Königs zu zittern und mit ihm die Glöckchen, die er um die Hüfte gebunden hatte. Kaum erklang das Glockenspiel, wandelte sich das Dunstgebilde zu einer lieblichen Frauengestalt, ein wenig durchscheinend zwar, aber mit deutlich menschenähnlichen Formen, umhüllt von hauchzarten Schleiern. Seine Angst wich grenzenlosem Staunen, das sich steigerte, als die bislang wilden Laute des Wasserwesens sich zu verständlichen Worten fügten und dem Mann, der nach wie vor das Überqueren des Flusses anstrebte, die Botschaft der ersten der dreizehn Schwestern kundtaten.

So erfuhr er, dass ihm an jedem Fluss eine von ihnen begegnen würde, um ihn einzuweihen in die Geheimnisse ihrer Besonderheit. Wenn er die Prüfung bestanden – soll heißen, ihre Rätselfrage beantwortet – habe, würde ihm das Überqueren gestattet, nur, um beim nächstfolgenden Fluss erneut zu lernen und geprüft zu werden. Erst wenn er den Bogen der Lebensweisheiten gemeistert habe, dürfe er den Rat der Dreizehn befragen und dessen Botschaft seinem König überbringen.

Nun endlich erahnte der junge Reiter, der sich ohne viel nachzudenken gemeldet hatte, voll Abenteuerlust und um das Wohlwollen des Herrscherpaares zu gewinnen, dass er viel eher eine Reise zu sich selbst angetreten hatte. Mit einem kurzen Seufzer bedauerte und schalt er sich ein wenig für seinen bedenkenlosen Übermut. Gleichzeitig bangend und erwartungsvoll blickte er auf die erste der Weisen Frauen, die nach wie vor in ihrer wässrig-luftigen Gestalt um ihn herum schwebend ihm Zuversicht entgegenlächelte. Er hätte diese Aufgabe nicht gewählt, könne er sie nicht meistern, war ihre Botschaft. So beschloss er, seinem Selbstmitleid ein Ende zu machen und den Weg des Mysteriums, der ihm bevorstand, mutig zu beschreiten. Noch einen Rat flüsterte sie ihm zu, er solle auf sein Herz und seine innere Weisheit hören, sein Denken hingegen würde ihn auf Irrwege schicken. Noch war er unwissend und verstand ihre Worte nicht recht, doch nach seinem Weg über die dreizehn Flüsse sollte er ein anderer sein.

Dreizehn Flüsse, zweiundzwanzig Wege und viele Schritte dazwischen

Nun lade ich Sie ein, diesen jungen abenteuerwilligen Mann, der sich, ohne es zu ahnen, auf den Weg zu sich selbst gemacht hat, zu begleiten. Jede der dreizehn *Weisen Frauen* wird ihn und damit auch Sie einführen in die Symbolik des Bogens an Aufgaben und Themen, die jeweils einer der Zahlen zwischen eins und zweiundzwanzig zugeordnet sind. Sie werden eingeweiht in uraltes numerologisches Wissen, das in vielen Methodenvarianten weltweit geschätzt wird, für Charakterdeutungen ebenso wie für das Erkennen von Herausforderungen sowie unterstützenden Qualitäten wie zum Beispiel besonderen Schutz oder auch Chancenreichtum. Ich selber kombiniere und nütze einige dieser Methoden seit vielen Jahren und nach wie vor bin ich verblüfft, wie punktgenau die so möglich gewordenen Analysen zutreffen und wie sehr diese Ratsuchende unterstützen können, Entscheidungen zu treffen, Ursachen von Problemstellungen zu verstehen und damit auch einen Lösungsweg zu finden.

Die Erzählung in Märchenform ermöglicht, diese vom Ratiodenken oft belächelte Sichtweise sinnlich erfahrbar zu machen. Zahlen und ihre Symbolik spielen in den überlieferten Märchen bekanntermaßen eine große Rolle. Mit den von mir intuitiv niedergeschriebenen neuen Erzählungen kann das Zahlenwissen aller Zeiten, unabhängig von der Beschränkung, die uns die auf drei Dimensionen reduzierte Wahrnehmung der materiellen Welt auferlegt, lesbar und erlebbar werden.

Ähnlich wie in unseren Träumen ist auch in Märchen die Linearität von Raum und Zeit aufgehoben. Deshalb vermittelten sie stets allgemein verständliches Urwissen ebenso wie archetypische Symbolik. Diese besondere Eigenschaft der Erzählform Märchen wird je Kapitel ergänzt mit entsprechenden Erläuterungen zur methodischen Zuordnung, basierend vor allem auf dem System der *Kabbala der Zahlen*, wie ich es von mehreren Lehrenden vermittelt bekam. Eigene Recherchen und Empirik ergänzen diese Sachtexte ebenso wie Ausflüge in die Zahlenwelt der traditionellen Märchen, gelegentlich auch mit Hinweisen aus der Kräuterkunde oder anderen Rezepturen, die zahlensymbolisch bedeutsam sind.

Was dieses Buch nicht ist

Erwarten Sie keinesfalls ein numerologisches Lehrwerk, davon gibt es bereits reichlich – wenn auch nicht zur erwähnten Methode. Diese in Buchform festzuhalten hat sich meine Lehrerin Elfrieda (Fritzi) Kahofer vorgenommen, ihr Buch soll 2019 erscheinen. Dennoch werden Sie Hinweise finden, um die dargestellte Symbolik für persönliche Entdeckungen nützen zu können. Das heißt, sie werden ihre Lebenszahl errechnen und deuten können, ihr Geburtsmonat wird dadurch mit bisher vielleicht ungeahnter Bedeutung für Sie entschlüsselbar und sie erhalten Hinweise auf das Themenspektrum von Partnerschaften. Das erlaubt es mir, mich auf die Zahlen 1–22 zu konzentrieren, obwohl die Zahlenkabbala die Entschlüsselung der Zahlenwerte bis 78 anbietet. Warum gerade 78 und wieso 22 Zahlen, aber nur dreizehn Weise Frauen sowie einiges mehr können Sie in den Folgekapiteln nachlesen. Für ein erstes Hineinschnuppern in die Welt der numerologischen Deutungen finden Sie jedenfalls reichlich Informationen. Vertiefendes Wissen ist in entsprechenden Seminaren erwerbbar, die ich gelegentlich in Wien oder meinem Heimatort Klosterneuburg anbiete, bei Bedarf auch auf Anfrage und entsprechender Organisation andernorts.

Sie werden auch keine Beschreibungen finden, die ein simples »Ich bin« bedienen. In vielen Büchern zu numerologischen Methoden wird auf diese Weise eine Typologie festgeschrieben. Doch jeder Mensch entscheidet, in welcher ganz speziellen Form er die Qualitäten lebt, die durch die Zahlensymbolik verdeutlicht werden. Deshalb bevorzuge ich die Kabbala der Zahlen, die mittels eines Zahlenbildes viel differenziertere Aussagen über Eigenschaften ermöglicht, die gleichzeitig in vielerlei Art gelebt werden können. Denn jede Zahl verweist auf erfreuliche ebenso wie eher abstoßende Zuordnungen. Dazwischen finden sich vielerlei Abstufungen und Kombinationen. Selbst nach über zwanzig Jahren entdecke ich nach wie vor neue Möglichkeiten des Ausdrucks, es ist wie mit allem Wissen, in das man sich vertieft: Je mehr man davon begreift, desto deutlicher wird, wie viel davon noch zu enträtseln bleibt.

Auch deshalb wähle ich die bildschaffende Form des Märchens. Bilder erreichen unser Unterbewusstsein, oder, noch mehr, unsere Seele. Die Märchenerzählerin und -forscherin Felicitas Betz schreibt: *»Märchen stammen aus einer Zeit, in der die Menschen noch Muße hatten. Es gab keine Hektik. Auch bei schwerer Arbeit ist die Seelenlage gelassen geblieben. Die Sprache fand ihren Ausdruck an dem, was die Umwelt an sichtbarer Gestalt anbot. So dachte man schauend.«* Über unsere von abstrakten Begriffen, ja sogar überbordenden Kürzeln geprägten Denkweise sagt sie, dass sie die Seele lähmt. Der bilderschaffenden Erzählform der Märchen spricht sie Heilkraft zu.

Die moderne Gehirnforschung bestätigt jedenfalls, dass unsere älteren Gehirnteile, in denen Entscheidungen gefällt werden, noch bevor unser Denken, also unser Neokortex, diese in Worte gefasst hat, nur mit Bildern arbeiten können (wobei der Begriff »Bild« weit gefasst ist, denn auch Gerüche beeinflussen unmittelbar unser emotionales Erleben, exakter wäre daher »Sinneseindruck«, der sich zur Emotion formt). Umgekehrt wecken Bilder in uns Emotionen, die die Basis unserer Entscheidungen bilden. Diese Koppelung von

Sinneseindruck, Emotion und Bild dient auch dem Speichern von Erinnerungen, und somit dem Lernen. Was wir gefühlt, gerochen, ertastet haben, wovon wir uns ein Bild machen können, vergessen wir kaum. Über die Art, wie wir lernen, verraten uns die Zahlen drei und neun einiges – nachzulesen in den entsprechenden Kapiteln.

Diese Kraft der Bilder und der daraus entstehenden Gefühlswelt soll dazu beitragen, das Wissen der Zahlen ganzheitlich vermittelbar werden zu lassen. Für die Bedürfnisse des Intellekts liefere ich im Anschluss die analytischen Erklärungen. Beide Male aber geht es mir darum, das Themenspektrum einer Zahl als Ganzheit darzustellen, in der Sie für sich persönlich Zutreffendes selbstständig als Möglichkeit auswählen können.

Wer meine Bücher zu den Raunächten oder das Buch für märchenhaftes Schlafen »Zur Nacht« kennt, der konnte bereits ein wenig Neugier auf die Numerologie entwickeln – in diesem Buch steht sie endlich im Zentrum, eingebettet in die tragende Rolle der Märchenwelt.

Nun aber folgen wir dem Reiter auf seinem Weg über die dreizehn Flüsse. Zu sich selbst und damit auch zur Botschaft für das königliche Paar und seinen Kinderwunsch. Und in die Welt der ersten Weisen Frau und der Zahl *Eins*.

DER ERSTE FLUSS

Da stand er nun, der Reiter des Königs, der sich aufgemacht hatte, das Geheimnis des so lange ersehnten Kindes zu ergründen. Der Gefolgsmann des Königs, den sein Heldenmut angetrieben hatte, alle Gefahren missachtend. Dreizehn Rätsel seien zu lösen, das hatte er auf seiner Suche erfahren, doch zuallererst galt es, den Fluss zu überwinden, die erste Prüfung zu bestehen, die Weise Frau zu seiner ersten Verbündeten zu machen. Sein Pferd war fort, der Fluss plätscherte scheinbar harmlos vor seinen Augen dahin und er begann, dessen wässrigem Singsang zu lauschen. Lange stand er so da, wähnte, einzelne Laute, danach auch Worte zu vernehmen, dennoch vermochte er den Geräuschen keinen Sinn zu entnehmen. Etwas in ihm ließ ihn ahnen, dass seine erste Aufgabe darin bestand, standhaft zu bleiben, aufmerksam nur auf das eine: sich nicht ablenken zu lassen vom ungestümen Willen, sein Ziel zu erreichen. Es galt, der Zeit ihre Weile zu lassen, alle Gedanken zu sammeln, die Sinne zu bündeln, zuzuhören. So lange, bis er den Sinn erfassen würde, den Klang enträtseln, die Frage vernehmen. Erst danach war es Zeit, die Lösung zu finden, die ihm wohl die Brücke über das murmelnde Gewässer bilden würde. Erstmal tobten die Wasser in ihm, das Rauschen seines aufgeregten Blutes hörte er tosender als das klare Nass zu seinen Füßen, seine Adern schienen ihm anzuschwellen, als bahne sich die Schmelze seines Wollens einen Weg durch die begrenzenden Gefäße seiner Gliedmaßen. Das Pochen in seinem Innersten wurde immer lauter, in seinen Ohren dröhnte es, verschmolz mit dem Geräusch des Flusses, der um die Steine herumzischte, bis alles gemeinsam sich zu einem Lied verband, wie er noch kein Orchester spielen gehört hatte. Es dröhnte, gurgelte, schlug, es schien ihm, als schwemmte es den letzten Rest an Ichbewusstsein aus ihm hinaus, als würde er mehr und mehr zu einem Teil der Landschaft. Er fühlte sich tief verwurzelt, verbunden mit all dem Sein um ihn, unbeweglich wie die Steine ringsum und im Gewässer, gleichzeitig davon bewegt. Über ihm wölbte sich das himmlische Dach, das Bild umschließend wie ein Rahmen, der alles zusammenhielt und dennoch wieder entließ. Er vermeinte, die Steine reden, die Gräser singen zu hören, alles, was ihn umgab, erhielt Klang und Stimme, ein Melodiengewebe über dem sich des Flusses Gurgeln obertönend fortbewegte. Stunden um Stunden stand er da, jedes Spüren verlierend, nur um ein Fühlen der Gesamtheit zu gewinnen. Jede Zelle seines Seins nahm die Botschaft auf, die sich in ihm zu Worten formte, die sein Geist ganz allmählich zu begreifen begann.

Doch noch fehlte das Letzte, damit er das Rätsel vernehmen konnte, dessen Antwort darin bereits verborgen war. »Öffne dein Herz, öffne dein Herz!« – endlich erreichte diese drängende Mahnung sein Verstehen und er begriff, dass er ohne dieses nichts vermochte, hier nicht und an keiner der weiteren Schwellen zur Weisheit der Dreizehn. Und abermals galt es zu verweilen, diesem beständig schlagenden Motor zu lauschen, den ihn umgebenden Raum zu weiten, ihm sein Denken unterzuordnen, sein Sehnen in ihm sich auszudehnen und alles, was ihn umgab, in sich aufzunehmen, bis es erneut zu einer Einheit verschmolzen war.

Die Nacht begann, sich herabzusenken, der Strom hatte sich verlangsamt, die Tiere waren verstummt, um ihn dehnte sich die Ruhe der Finsternis aus, in die sich die Wärme seines Herzens ergoss. Er vernahm auch dieses Zwiegespräch der Dunkelheit und wurde immer ruhiger und ruhiger, als würde sich die ganze Ewigkeit in ihm entfalten und er sich in sie hinein. So stand er die Nacht hindurch und war noch ein wenig mehr ein Teil des Universums geworden. Und dann kehrte das Licht zurück und er fühlte sich, als wäre er neu geboren. In der Stille des frühen Morgen erklang eine Stimme, die von ringsum zu tönen schien:»Welcher Weg führt dich zu uns, auf dem deine Füße nicht schreiten?« Und im selben Augenblick klang es in ihm:»Der Gedanke!« – und schon war er auf dem bisher unerreichbar gewesenen jenseitigen Ufer des ersten Flusses angelangt. Wie aus einer anderen Welt kehrte er zu sich zurück, spürte wieder die Grenzen seines Körpers, nahm sich wahr als Mensch in der Landschaft, stand fest auf neuem Boden, bereit, sich zum zweiten der dreizehn Flüsse aufzumachen.

Einige Anmerkungen zur Methode

So, wie der wagemutige Reiter verstanden hat, welche Regeln ihn sicher und vor allem erfolgreich an sein Ziel gelangen lassen, benötigen auch Sie ein paar Basisinformationen, damit Ihre Reise durch dieses Buch genussvoll und anregend werden kann. Deshalb erläutere ich an dieser Stelle, bevor ich auf die Zahlen und ihre Bedeutung näher eingehe, in knappen Worten, soweit für das Verständnis der Erklärungen in diesem Buch nötig, wie in der Zahlenkabbala mit den Zahlen eines Datums umgegangen wird.

1. Das Datum der Geburt oder eines Ereignisses bleibt unverändert.
2. Der Tag der Geburt hat besondere Bedeutung, die mit ihm verbundene Aufgabe MUSS gelebt werden (das ist eine der seltenen Ausnahmen, bei denen ich das Wort *muss* verwende, denn wer sich dieser Aufgabe nicht

stellt, wird vom Schicksal gezwungen, lautet die Regel der zahlenkabbalistischen Sichtweise).

3. Der Monat der Geburt gilt auch als *Seelenzahl*, sie ist dem Samen einer Pflanze vergleichbar. In ihm sind alle Informationen enthalten, doch er benötigt die geeignete Erde, Nährstoffe, Jahreszeit, Temperatur usw., um zu gedeihen. Wie diese Voraussetzungen für die Seele beschaffen sind, kann aus den restlichen Zahlen des Zahlenbildes abgelesen werden.

4. In allen numerologischen Methoden werden Quersummen betrachtet, auch in der Zahlenkabbala. So wird der Tag der Geburt zusätzlich quergerechnet, das bedeutet, dass Sie, auch wenn Sie an einem Tag geboren wurden, dessen Zahl höher als 22 ist, aus der Quersumme einiges über Ihre Aufgabe ablesen können. Beispielsweise ergibt eine 31 eine 4, die Information zu dieser Zahl erhalten sie im ihr zugeordneten Kapitel.

5. Auch die sogenannte *Lebenszahl* ist eine Zahl zwischen 2 und 10 (s.u.), sie ergibt sich auch aus der Quersumme der Einzelziffern des Datums, also T + T + M + M + J + J + J + J, um es am Beispiel meines Geburtsdatums – 10. 1. 1957 – anschaulich zu machen: 1 + 0 + 0 + 1 + 1 + 9 + 5 + 7 = 24, 2 + 4 = 6

6. Die Lebenszahl ist nur ein Baustein im Gesamtbild, vergleichbar mit dem Sternzeichen in der Astrologie. Ohne Aszendenten, Häuserbesetzungen, Planetenstellungen und -beziehungen sagt es nur Grundlegendes aus, stellt die Persönlichkeit aber nur sehr verallgemeinernd dar.

7. Allerdings bietet die Lebenszahl die Möglichkeit, die Grundqualität, das Urthema einer Partnerschaft zu beschreiben, auch darauf werde ich im Buch näher eingehen, dafür genügt die Kenntnis der Bedeutung der Zahlen 2–20 (denn es werden maximal 10 + 10 addiert).

8. Die Deutungen der Zahlen mittels Zahlenkabbala hängen eng zusammen mit den Karten des Tarots, genauer gesagt mit den Darstellungen des Raider Waite Tarots. Deshalb habe ich mich entschieden, bis zur Zahl 22 Erklärungen abzugeben, denn diese entsprechen der *großen Arkana*, die mittels archetypischer Bilder wie etwa *Herrscherin* oder *Narr* essentielle Lebenswirklichkeiten wiedergibt. Da sich die Zahlen ab 10 mittels Quersummenbildung immer auf eine einstellige reduzieren lassen, finden sich die Erklärungen dazu bei den sogenannten Basiszahlen 1–9. (Für weiterführende Erläuterungen zum Thema Tarot verweise ich auf die entsprechende Literatur, auch im Internet ist dazu sehr viel in durchaus annehmbarer bis sehr guter Qualität zu finden – einige Hintergrundinformationen finden Sie im Kapitel zur Dreizehn.)

Soweit zur Arbeitsanleitung, doch empfehle ich Ihnen, sich zunächst mehr auf die Bilderwelten und daraus entstehende Gefühle einzulassen, das Verständnis der Zahlen wird Ihnen danach viel leichter fallen. Für eine tiefergehende Beschäftigung mit der Methode braucht es neben umfassenden Detailinformation vor allem viel Übung – das Werkzeug dafür erhalten Sie in einem entsprechenden Workshop. Dieser Vermittlungsweg ist unumgänglich, um Missinterpretationen und daraus resultierende Verwirrung zu vermeiden.

Nun aber hinein in die Welt der Zahlen und ihrer vielschichtigen Bedeutungen.

Wille, Entschlusskraft und wofür
die Zahl Eins noch steht

Anmerkung: Alles, was für die Eins gilt, kann auch bei der Deutung der Zehn mitbedacht werden. Doch:»Die Zehn muss erst zur Eins gemacht werden!«Deshalb wird in der Schreibweise der Zahlenkabbala, im Gegensatz zu allen mir bekannten numerologischen Methoden, die 10 als solche nicht weiter quer addiert. Lediglich Menschen, die an einem Ersten des Monats oder im Jänner geboren wurden, haben eine Eins in ihrem Zahlenbild. Sie genießen das Geschenk des Urvertrauens, sie wissen um die Einheit hinter allen Spielvarianten unseres Erdendaseins, das so häufig erwähnte Gefühl der Getrenntheit, unter dem viele Menschen leiden, mitunter auch daran scheitern, kennt die Eins nicht. Was nicht heißt, dass nur Menschen, die im Jänner oder an einem Ersten des Monats geboren wurden, die Verbindung zur Einheit gegenwärtig haben – meine Erfahrung hat nur gezeigt, dass es hilft. Im Regelfall gelingt dadurch der Eins daher, das ihr zugeordnete Bestreben zu verwirklichen, nämlich Außergewöhnliches im Leben zu erreichen. Auch in den überlieferten Märchen steht die Eins für die solitäre Stellung, den Helden/die Heldin und deren besondere Eigenschaften. Aus der Perspektive der Zahlenkabbala wirkt sich dieses Streben nach dem Besonderen unterschiedlich aus, je nach Position, also ob Geistzahl (= Geburtstag) oder Seelenzahl (= Monat). Wer an einem Ersten geboren wurde, strebt nach außergewöhnlichem geistigem, also auch intellektuellem Ausdruck, das betrifft auch alle Mittel der Kommunikation. Jännergeborene hingegen, gleichgültig ob Steinbock oder bereits Wassermann, tendieren eher zu all jenen Beschäftigungen, die geeignet sind, den Seelenzustand zu erweitern. Also möglichst viel Erfahrung und daraus folgende Erkenntnis zu sammeln in der Einzigartigkeit unserer polaren Welt. Denn gemäß allen Botschaften, die mittels

Informationsübertragung aus nichtirdischen Existenzebenen zu uns gelangten, gibt es dieses Spiel der Gegensätze, der Emotionen, des Scheiterns, der inneren Schweinehunde, das nur auf diesem Winzling des Universums, genannt Erde, stattfindet. Darüber erfahren Sie im Artikel zur Zahl Zwei noch Ausführliches. Das bedeutet auch, dass die Energie hier sehr dicht ist, sich als an- und somit be-greifbare Materie zusammenballt. Diese mitunter auch als schwer empfundene Energiedichte ist besonders für die Zehn das zentrale Thema, sie strebt nach der Vollkommenheit, die sich durch die Eins ausdrückt. Diese Vollkommenheit streben Einsergeborene an, unterbewusst erinnern sie sich jedenfalls daran, deshalb ist für sie die Schwere der Materie weniger spürbar als für Zehnergeprägte. Ein Etappenziel wurde quasi bereits erreicht und damit das Geschenk dieses, man könnte sagen, bevorzugten Geburtsdatums. Doch vordergründig kann dieses Urwissen gut versteckt sein hinter einer egoistischen Fassade, übermäßigem Geltungsstreben oder auch dem genauen Gegenteil, einem kaum vorhandenen Selbstwertgefühl. Starker Wille und somit Durchsetzungskraft ist jedenfalls typisch für Einsergeprägte, ob offen gezeigt oder über eine dargestellte Schwäche wirksam, ist reine Formsache.

Weil ich oben die Sternzeichen erwähnt habe: Wir haben konsequenterweise in jedem Monat zweierlei Färbungen, wie sich die Energie der Seelenzahl Eins im Verhalten der Person widerspiegelt. Geübte Numerologieanwendende erkennen das auch im gesamten Zahlenbild, das heißt am Zusammenspiel der jeweiligen Energien, das sich durch die individuelle Zahlenkombination ergibt. Dennoch macht es durchaus Sinn, auch die voneinander oft stark divergierenden Charakterprägungen der jeweiligen astrologischen Zuordnung miteinzubeziehen.

Im Fall der Eins als im Zeichen Steinbock Geborene kann dies bedeuten, dass Ziele mit der Konsequenz und mitunter stark ausgeprägten saturnischen Strenge verfolgt werden, dazu kommt das Element Erde, das den Aspekt der Materiebezogenheit stärker hervorbringt. Das klingt vielleicht nach einem Schwergewicht, ist aber eine sehr bedeutsame, weil erdende Wirkungsverstärkung, gemäß einem meiner Lieblingsmottos: »*Hüte dich davor, so himmlisch zu werden, dass du auf Erden nutzlos wirst.*« Es war der Rat des Rabbiners Wall, der seine Tochter Vicky, die bereits aurasichtig zur Welt kam, entsprechend fokussierte. Erst viel später kam diese Anleitung weltbewegend zum Tragen, in den durch sie geborenen wunderbaren Farbessenzen *Aura Soma®*. (Geboren deshalb, weil die spät erblindete Vicky Wall all ihre Kenntnisse und ihre bereits vorhandenen Kräuter und Steinessenzen in einer Nacht intuitiv, wie durch andere Mächte angeleitet, mischte und somit ihre ersten Farbessenzen herstellte.) In ihrem Zahlenbild ist übrigens das Streben nach der Eins als 19 und 10 (aus 28) erkennbar. Im Tarot ist *der Magier* die Karte mit der Zahl Eins, auch er stellt in seiner Pose die Verbindung zwischen Himmel und Erde her und dient als Vermittler zwischen den beiden Welten. Für *Wassermann*-Einser, die laut astrologischer Zuordnung dem Element Luft zugeordnet werden, ist geerdet sein und vor allem bleiben eine größere Herausforderung, auch der Planet Uranus, der diesem Sternzeichen zugeordnet wird, sorgt eher für Wechselhaftigkeit und Spontaneität und somit auch mehr Leichtigkeit.

Als Lebenszahl wird die Eins bei der Zehn nur mitgedacht, für die Berechnung der Partnerschaftszahl gilt daher diese. Auch in der Elf findet sich die Energie der Eins wieder. Das ist vor allem der starke Wille, der sich zum handfesten Egoismus auswachsen kann. Das bedeutet, dass alle Menschen, deren Geburtstag sich auf eine 10 respektive 1 reduzieren lässt (also auch am 19. oder 28. Geborene) lernen sollten, ihr Ego zu überwinden. In allen Varianten spielt auch die Leuchtkraft eine starke Rolle – diese Menschen werden gesehen, ihre Aufgabe ist jedoch, Kanal für das Licht der Liebe zu sein, um es in die Welt zu tragen.

Eine der Grundannahmen in den Auslegungen der Zahlenkabbala ist, dass die Seele sich bewusst für die Inkarnation, also die Menschwerdung entscheidet. Dementsprechend wählt sie auch die Themen aus, die ihr Erdendasein mitbestimmen. Das ist freilich Ansichtssache, für dieses Buch nehme ich diese Hypothese als gegeben, das Motiv findet sich auch in meinen Märchen wieder. Auch die Annahme, dass die Seele mehrfach inkarniert, ist diskutierbar; ich bin katholisch erzogen worden, erhielt von einer Klosterschwester Religionsunterricht, dennoch war ich bereits als Volksschulkind überzeugt, dass wir nicht bloß einmal das Spiel des Lebens spielen.

Ich erwähne das im Zusammenhang mit der Eins und ihren Entsprechungen, denn laut Zahlenkabbala wollen wir verlernen, was in einem früheren Leben misslungen ist, oder womit ich auf Kosten anderer mein Wollen befriedigt habe. Das kann zur Folge haben, dass Menschen mit einer 1 oder 10 im Geburtsdatum oder auch als Lebenszahl diese Willensstärke beziehungsweise das Selbstbewusstsein, wie bereits erwähnt, in sein Gegenteil verkehren. Das heißt, es gibt unter ihnen auch solche, die sich minderwertig fühlen oder sich dem Willen anderer unterordnen. In diesem Fall ist die Lernaufgabe, sich erneut in die Selbstbestimmtheit zu begeben, ohne den Fehler zu begehen, über andere zu bestimmen.

Die im Märchen gefundene Lösung ist die Herzöffnung – wenn wir in der Liebe sind, können wir nicht fehl handeln. Von Liebe, Herzöffnung und Herzdenken wird in diesem Buch noch öfters die Rede sein – es sind zentrale Themen, die sich in der einen oder anderen Form in allen Zahlen wiederfinden.

Hinter all dem bisher über die Eins Erwähnten steht die Weisheit: Alles ist in ihr enthalten. Diese Weisheit findet sich sogar in der Mathematik wieder. Bei der Hintergrundrecherche für dieses Buch habe ich auch dementsprechende Literatur gelesen, doch mein mathematisches Verständnis ist eindeutig zu gering, um die Analogien zur Numerologie zu ziehen. Sie sind aber jedenfalls vorhanden, soweit habe ich es verstanden. Sehr einleuchtend fand ich jedenfalls, dass jede Zahl aus der Addition mit Eins entsteht, also $1 + 1 = 2 + 1 = 3 + 1 = \ldots$ Für Interessierte verweise ich auf die entsprechenden Literaturhinweise im Anhang. Die Eins kann auch als Punkt dargestellt werden, als eine unendlich kleine Menge, der aber noch der Bezug zur Umgebung fehlt. Sie steht für die Idee, die erst durch das In-Beziehung-Treten körperhaft und damit in unserem Sinne real, materiell werden kann. Dazu ist im Kapitel über die nächste Zahl, die Zwei, mehr zu lesen. Zunächst aber das Märchen, das Ihnen diese Zahlenqualität bildhaft erfahrbar machen will.

DIE BEGEGNUNG
IM SPIEGEL

Auf dieser Erde schritt der Reiter weiter, mit jedem Mal fester auftretend, wobei er in die Festigkeit und Dichte des tragenden Untergrunds eindrang, seine Spuren hinterlassend. Je weiter er kam, desto weicher wurde das Erdreich, immer tiefer versank er darin und er sehnte sein entflohenes Pferd herbei, dessen Hufe sich leichter aus dem Schlamm lösen würden als seine sporenbesetzten Stiefel. Und tatsächlich, die Kraft des Gedankens, die er eben erst erfahren hatte, rief sein Reittier herbei, schnaubend stand es neben ihm und bot seinen Rücken willig dem des Fußwanderns ungewohnten Mann dar. Auch das Pferd mühte sich, dennoch kam es leichter voran in dem Morast, in dem sich Wasser und Erde zum zähen Untergrund vermengten, damit der Weg zum Ziel nicht zu leicht würde. Im Reiter kroch ein neues Gefühl wurmartig durch die Eingeweide, es war ihm so unbekannt, dass er nach Benennung suchte, erst als er das Zittern seines vierbeinigen Gefährten wahrnahm und die Schweißperlen auf seinem Fell, auf die ebensolche von seiner Stirn herabfielen, entsann er sich der Worte, die er als Kind gehört hatte: »Hab keine Angst!« Das war sie also, die Angst, von der die für ihn damals Großen gesprochen hatten, wie von einem Ding, das man brauchte und wieder wegräumte, wie ein Licht, das entzündet oder ausgelöscht werden konnte. Er hatte das damals nicht verstanden und auch jetzt schien sie ihm so fremd wie ein ungebetener Gast, der sich heimlich eingeschlichen hatte, ein Eindringling, der das Spiel der Gedanken einbremste, den Raum besetzte, in dem sonst Freude und Einfallsreichtum zu Hause waren. Der diese Geister der Lösungsfindung an die Wände drängte, ihnen jede Entfaltungsmöglichkeit raubte und schließlich jede Faser seines Körpers zu durchdringen schien. Seine Hände verkrampften sich um die Zügel und in die Mähne seines Reittieres, das nur mehr zögerlich und Huf vor Huf, vorsichtig auswählend, weiterschritt.

So sehr hatte ihn dieses unbekannte Gefühl vereinnahmt, dass er nicht bemerkte, wie mit jedem Schritt seines braven Trägers das wässrige Element Oberhand über das erdige gewann, es unter sich ließ. Erst als sie bereits mitten in der schmutzigen Brühe standen, die sich träge durch das Tal wand, wurde ihm bewusst, dass er nun den zweiten Fluss erreicht hatte und ein weiteres Rätsel gelöst werden musste.

»Wie werde ich wieder klar?«, drang es unüberhörbar an sein Ohr. So rasch die Antwort beim ersten Fluss offenbart war, umso länger sollte es diesmal dauern. Noch immer waren die Gedanken gelähmt und er ahnte, diesmal galt es, andere Sinne zu nützen, um dem Fluss verraten zu können, wie er seine ursprüngliche Schönheit zurückerlangen würde.

Doch auch seine Gedanken mussten zunächst klar werden, deshalb zwang er sich, seine Aufmerksamkeit auf die Außenwelt zu lenken, um nicht länger Gefangener der Trübheit seiner Innenwelt zu bleiben. Unter ihm bewegten sich schmutzig-braune Wassermassen, die Geröll mit sich schliffen, und mit einem Mal sah er dasselbe Bild in vielen Varianten, Schicht um Schicht türmte es sich vor, um und neben ihm auf, und er beobachtete, wie die kantigen Geröllstücke, die das Wasser wohl auf seiner wilden Reise mitgerissen hatte, im jeweils nächsten Bild ihre scharfen Kanten verloren, zunächst ein wenig abgerundet und schließlich gänzlich rund wurden. Er war in den Strudel der Zeit geraten, sah alles gleichzeitig, was sonst über viele

Hunderte von Jahren dazu beitrug, Erdiges zu formen. Und dann erblickte er sich selbst, in jeder dieser Schichten war ein anderes Ich, ihm fremd und vertraut zugleich. Er wusste, es war sein eigentliches Sein, in ganz unterschiedlichen Stufen der Entwicklung. Dort, wo grobe Brocken noch ungeschliffen sich mit dem Wasser bewegten, nahm er ein Ich voller ungestüm unwissendem Tatendrang wahr, eines, das so wie die groben, scharfkantigen Steine sich nicht scherte um die Zerstörung, die es auf seinem Weg zu einem unbekannten Ziel anrichtete. Wo aber die Steine rund und glänzend geworden waren, da lächelte ihm beinahe entrückt ein viel weiseres Ich als sein gerade eben verkörpertes entgegen. Die verwirrende Gefühlswelt, die ihn hierher begleitet hatte, schien es gar nicht mehr zu kennen. Diesem Ich wandte er sich zu, es sollte ihn begleiten, ihm raten, ihm die Eingebungen verschaffen, die er für das Gelingen seines Abenteuers so dringend benötigte. Um Weitsicht zu gewinnen, ließ er den Blick schweifen. Am anderen Ufer, dort, wohin ihn die Lösung des Rätsels, die Antwort auf die Frage des Flusses bringen würde, erkannte er zwei Gestalten, die sich glichen wie ein Ei dem anderen und dennoch nicht ungleicher hätten sein können. Sie vollführten gegengleiche Bewegungen, zogen die gleichen Grimassen und lächelten einander ebenso zu wie sie einander bedrohten. Doch die eine war körperlich und strahlte Wärme aus, die andere durchlässig wie ein gasförmiges Abbild ihrer Spiegelung, sie weckte erneut die Empfindung, die jeglichen Einfallsreichtum erstarren ließ. »Geh einen Schritt zurück«, hörte er sein weiseres Ich ihm zuflüstern und schon machte sein vierbeiniger Gefährte kehrt, um in einiger Entfernung stehen zu bleiben. Welch Erleichterung stellte sich ein, aus dem Bannkreis entkommen konnte er das Schaubild aus sicherer Entfernung beobachten, und erahnte mit Unbehagen, dass die zweite der weisen Frauen sich in zweierlei Gestalt zeigte. Nun denn, er wollte jedenfalls zu den beiden hinübergelangen, also wandte er sich wieder der braunen Brühe zu, immer noch aus sicherer Entfernung, doch scharf beobachtend, ob er einen Hinweis erhalten würde auf die Ursache dieser dauerhaften Durchmischung des Wassers mit der Erde.

Sein Blick blieb hängen an einer Stelle, an der das Erdreich sich zu formen schien, das Wasser verlassend immer körperlicher werdend und schließlich erkannte er ein Wesen, gnomenhaft oder auch aus der Gattung der Trolle, das sich anschickte, auf ihn zuzugehen.

Dem Pferd schien dieses seltsame Häuflein Erde, das ihm auf zwei Beinen, die gleichzeitig immer mit seinem Ursprungselement verbunden blieben, immer näherkam, nicht geheuer, schnaubend schritt es rückwärts, gegenläufig zu den Anweisungen seines Reiters. So kam es zwar nicht weiter, stand aber irgendwie schräg in der Gegend herum, der Reiter wiederum saß schräg vorwärtsgeneigt auf seinem Rücken, für Unbeteiligte ziemlich komisch anzusehen. Ein seltsames Gelächter ertönte, die zweigeteilte Weise Frau hatte ihr Spiegelspiel unterbrochen und amüsierte sich königlich. Der Erdmann war inzwischen angelangt, weiter rückwärts konnte der Vierbeiner sich nicht mehr dehnen ohne umzufallen, doch auch wegbewegen gelang nicht, also wieherte er ängstlich und richtete sich wieder auf, wie es sich für ein stolzes Pferd geziemte. »So ist's gut«, murmelte der Erdling und wandte sich dem Reiter hoch ober ihm zu. »Du bist gekommen, das Rätsel des zweiten Flusses zu lösen? Merke, seit allzu langer Zeit fließt es nun schon in dieser schlammigen Vermengung durchs Tal, doch keiner konnte bisher Wasser von Erde trennen. Denn wir Erdwächter sorgen für diese Einheit, sie ist unser Pfand, bis einer kommt, unsere Tochter aus den Tiefen des Quellgebietes zu erlösen. Ein Zauberer, mächtiger als unser Volk, das der Magie wohl kundig ist, doch sie nie einsetzt, um andere zu unterdrücken, hat sie in diese Unterwelt verbannt, und nur weil beständig Erde durch das Wasser, das der Quelle entspringt, mitfließt, bleibt sie am Leben. Nur wer sie befreit, kann dem Wasser seine Klarheit zurückgeben. Der Dank ist glasklare Verstandesstärke, die dazu beiträgt, noch viel schwerere Rätsel zu lösen als das unsrige. Vielleicht bist du ja der Auserwählte – spute dich, an die Quelle zu gelangen, der Vollmond erwartet dich um Mitternacht, er leuchtet dir den Weg ins Erdinnere!«

Erneut erfasste den Reiter des Weisinnenlandes dieses merkwürdige Gefühlsgemenge, ähnlich dem vor ihm fließenden erdigen Wasser, Herzensschwere gepaart mit der Leichtigkeit der Ahnung, die beflügelt, ohne das Ziel zu benennen. Doch diesmal hatte er bereits Kunde von der Quelle, dort wartete ein Abstieg und eine gefangene Maid, eine Heldentat würde seinen Ruhm vermehren, also gab er seinem Pferd die Sporen und dahin flogen sie aus dem Morast über die säumenden Wiesen, dem Ursprung entgegen. Die Sonne versank, doch er nahm es kaum wahr, erst als nächtliche Finsternis ihn umgab, gedachte er des vollen Mondes, der ihm den Weg weisen würde. Noch gab es nur wenige Sterne, deren Leuchtkraft zu schwach war, den Weg erkennbarer zu machen. Doch sein Pferd hatte das Wasser im Sinn, es folgte instinktiv dessen Lauf, dankbar beugte er sich tief über den treuen Gefährten, der so sinnvoll und zielsicher sein eigenes Streben ergänzte. Und dann ging auch der Mond auf am sternenklaren Nachthimmel und legte sein fahles Licht über die Landschaft und schon sah er eine Felswand, aus der das Wasser quoll, braun und erdig wie im Tal. Er stieg ab, sein Reittier konnte ihm nicht ins Erdinnere folgen, es durfte nun ruhen und Kräfte sammeln für die Rückkehr. Der Reiter aber tastete die Felswand ab, in der Hoffnung, einen Eingang zu finden. Da erklang ein Gesang der Unsichtbaren, gleichzeitig bündelte sich das Mondlicht und ein Stein erglänzte im Widerschein. Er berührte dieses leuchtende Kleinod und schon öffnete sich die Felswand zu einem schmalen Gang ins Erdinnere, den er entlangtastend beschritt. Das Mondlicht wurde abgelöst von einem inneren Leuchten der Wände, kaum erkenn- jedoch ahnbar blieben Weg und Raum. Schließlich weitete sich der Pfad zu einem Raum, der von oben erneut vom Mondlicht erhellt wurde, denn kleine Öffnungen in der Decke ließen Licht und Luft in das Erdinnere ein. Der Wasserlauf glitzerte in mondigem Widerschein und schließlich sah er die Erdentochter, bleich und aufgelöst, still duldend, gezeichnet von endloser Gefangenschaft. Nur sehr langsam hob sie die Augenlider und blickte dem Jüngling mit stumpfem Blick entgegen.

»Ich wurde gesandt, dich aus dem Bann des Zauberers zu lösen, folge mir hinaus aus dem Erdreich, ich bringe dich zurück zu den deinigen«, erklärte der Reiter. Ein ungläubiger Blick antwortete ihm, doch zaghaft hob sie ihre wässrig-schlammigen Arme, um seine dargereichte Hand zu ergreifen. Doch im selben Augenblick dröhnte mächtiges Geschrei aus den Wänden: »Du raubst mir die Erdtochter nicht! Nur wenn du mir meinen Raben wiederfindest, der mir vor Urzeiten entwichen ist, um an der Quelle des Wissens zu trinken, gebe ich sie frei. Denn die Tochter der Erde verschließt diesen Ausfluss allen Erdwissens. Zu meinem Ärgernis rinnen nach wie vor Tropfeneinheiten hinweg, weil sich das Wasser mit den Erdgeistern verbunden hat. So erhalten die Menschen nach wie vor kleine Dosen des Allwissens, gerade zu viel, als dass ich und meine Vasallen sie gänzlich zu Marionetten machen konnten, aber zu wenig, um ihren Durst nach Freiheit zu stillen. Doch den Raben wirst du ohnedies nicht finden, deshalb ist meine Macht ungefährdet!« Mit alles erstarrendem Hohngelächter schloss der Zauberer seine Rede, danach war wieder alles mucksmäuschenstill. Die Erdenmaid sackte in sich zusammen, doch der junge Mann, der die Angst nun schon kannte und deshalb auch seinen Mut wieder spürte, sprach ihr aufmunternd zu: »Ich wäre nicht gesandt worden, könnte ich die Aufgabe nicht bewältigen. Ich werde den Raben finden und die Quelle des

Wissens wird wieder rein und klar fließen. Dann bist auch du befreit und mit deinem Volk vereint.« Das verlieh der Erdentochter einen Funken Lebendigkeit, der ihm einen Rat des wissenden Wassers offenbarte:»Fülle dein Trinkhorn mit dem Wasser. Die Erde wird darin herabsinken und die klare Flüssigkeit deinen Verstand beflügeln. So wirst du den Ort des Aufenthaltes des Zaubervogels wissen. Doch achte darauf, der Vogel verleiht dem Magier unermessliche Macht, auf deinem Weg wirst du erfahren, wodurch dies verhindert werden kann.«

Jetzt schien seine Reise endgültig zum Abenteuer zu werden. Erwartungsvoll füllte der Reiter sein Horn und bedankte sich rasch, um zu seinem Reittier zurückzukehren und die Suche zu beginnen. Draußen angekommen wunderte er sich, denn die Sonne ging bereits auf, sein Aufenthalt im Quellgebiet war ihm nur wie ein Augenblick vorgekommen. Er machte einen Schluck aus dem Trinkgefäß und reichte auch seinem Pferd ein wenig davon.»Kann ja nicht schaden, wenn der treue Gaul auch ein wenig klüger wird«, dachte er bei sich. Die Überraschung war groß, als er nun die Worte seines Pferdes verstand, sein Geist war dafür empfänglich geworden. Auf seinem Ritt entdeckte er, dass er nun alle Tiersprachen verstand, und so wurde er rasch weitergeleitet zum Hort des Raben, der auf einer alten Tanne in den Bergen hauste und keinerlei Anstalten machte, ihn zurück zu seinem einstigen Beherrscher zu begleiten.

Nicht nur der angehende Held verstand die Sprache der Tiere, diese konnten auch ihn verstehen und der Rabe hörte sich die Geschichte des erdigen Wassers an.»Nie wieder will ich dem Magier dienen, doch die Freiheit hat mich klug werden lassen. Fliegend werde ich dich begleiten, doch sobald wir in den Bannkreis des Magiers geraten, muss das Erdvolk dagegenhalten, sonst bin ich erneut gefangen und der Zauberer wird unbesiegbar«, krächzte der Rabe. Daraufhin bat der Reiter Ameisen und Würmer, die Geister der Erde zu rufen. Es dauerte nicht lange, da standen sie da, eine Armee Erdmänner, in ihren Händen Alraunen zähmend, deren mächtige Zauberkraft allein den Magier zu lähmen im Stande war. Eine weitere Armee von Waldameisen begleitete den seltsamen Aufmarsch, sie wollten einen Bannkreis um den Bösewicht ziehen. Erneut senkte sich die Sonne zur nächtlichen Ruhe, als sie dem Quellgebiet nahe waren. Verborgen im Schutz der Dunkelheit bereiteten die Armeen der Erde den Bannkreis, der Reiter und über ihm der schwarze Vogel näherten sich dem Felseneingang. Entlang des Wasserlaufes blieben Ross und Reiter stehen. »Zeige dich, Herrscher der Dunkelheit, ich habe deinen Raben gefunden und fordere die Erdtochter. Sobald sie hier vor mir steht und das Wasser wieder klar fließt, fliegt der Vogel zurück zu dir.« Donnergetöse erschallte, danach war erneut nur das misstönende Geschrei des Zauberers zu hören: »Wo ist er, der Abtrünnige, ich will ihn sehen, denn ich glaube dir nicht. Niemandem ist es bisher gelungen, ihn zu verlocken, er weiß zu gut, was ihn erwartet.« – »Zeige dich, erst dann wird auch der Vogel sich dir zu erkennen geben«, war die Aufforderung, die dem Magier keine Wahl ließ. Er ließ seinen Tarnumhang fallen und stand vor dem Reiter, lächerlich klein und schmächtig, der junge Mann musste alle Kraft aufwenden, ein Lachen zu unterdrücken. Diese jämmerliche Gestalt sollte alle in Angst und Schrecken halten können? Er konnte es nicht glauben, doch blieb er auf der Hut, immerhin war die Erdenmaid viel zu lange durch seine Macht verbannt geblieben.

In der Zwischenzeit hatten sich die Erdwesen unterirdisch herangepirscht, im großen Kreis rund um den Felseingang warteten sie auf ihren Einsatz. Die Magie der Gnome ließ den Kreis zur unüberwindbaren Grenze werden, doch in seiner Gier vergaß der Magier, seine Sinne zu schärfen und merkte nichts davon. »Gib die Maid frei, dann fliegt dir der Vogel zu.« Wie zur Bestätigung krächzte dieser ein Echo, jedoch aus achtbarer Entfernung zuoberst auf dem Felsen sitzend. Der Machtgierige konnte ihn sehen, doch nicht zu ihm gelangen. Was blieb ihm übrig, zu lange hatte er auf den Zaubervogel gewartet, er deutete auf den Felsen, der auseinandersprang, woraufhin sich das Wasser herausdrängte und die Maid mit sich brachte. Doch der Magier ergriff sie, zog sie vor sich und keifte erneut. »Nun komm, du Vogel! Sollen die Erdwesen ihre Tochter wiedererhalten, musst du den Platz mit ihr tauschen!« Das Rauschen der Rabenschwingen durchtönte den Nachthimmel, sein Schatten legte sich über den Zauberer und Sekunden später brüllte dieser in Wehgeschrei auf, die Erdtochter loslassend, die keinen Moment zögerte und entlief, ihrem Volk entgegen.

Der Vogel war hinuntergestoßen und hatte seinem Erzfeind die Augen ausgepickt, schmerzverzerrt und blind stolperte der Zauberer in den Felsspalt hinein und wurde unter den einstürzenden Gesteinsbrocken und noch schlammigen Erdmassen begraben. Das Wasser der Quelle aber klärte sich zusehends und als der Reiter zurückgekehrt war an die Stelle, an der er die zweite Weise Frau wiedertreffen wollte, floss es klar und erfrischend das Tal entlang. Mit einem Satz war sein Pferd am anderen Ufer und die Weisin empfing den Erretter des Wassers huldvoll. »Du hast nicht nur das zweite Rätsel gelöst, sondern auch das Tal vom Bann des Bösen befreit. Du hast Klugheit und Wissen dazugewonnen. Bewahre den Rest des wissenden Wassers gut, es wird dir auf deiner weiteren Reise von Nutzen sein.«

Der Reiter befestigte sorgsam das Trinkhorn und nach einem kurzen, aber ehrerbietigen Gruß war er bereits am Horizont verschwunden. Erst viel später erinnerte er sich, dass die Weise Frau eins geworden war mit ihrem Spiegelbild.

Die Symbolik der Zwei oder wie die Angst zur Gefährtin wird

Wie im Kapitel zur Eins bereits angedeutet, begeben wir uns mit der Zwei in die Welt der Polarität. Die Eins erhält ein Gegenüber, der Mensch tritt in Beziehung. Ich und Du, das Eine und das Andere, zwei Seiten einer Medaille, Plus- und Minuspol. Diese Doppelgesichtigkeit ist wesentliches Merkmal der thematischen Zuordnungen zu den Zahlen. Denn wie deren Qualitäten gelebt werden, bewegt sich zwischen den Extremen ihrer Möglichkeiten. Deshalb kann, wer Angst fühlt, auch mutig sein und wer zu lange duldsam war, kann schlussendlich auch abschätzen, wann es Not tut, aufzubegehren. All diese Gegensatzpaare finden sich in der Interpretationsbandbreite der Zwei.

Der Reiter, der voll Abenteuerlust und Tatendrang aufgebrochen ist, erfährt in ihrem Wirkkreis ein ihm bisher unbekanntes Gefühl. Die Angst ist einfach da, ohne äußeren Anlass. Menschen, die unter Panikattacken leiden, haben ebenfalls meist keinen nachvollziehbaren Grund, sich zu fürchten. Dennoch werden sie von diesem Gefühl beherrscht, alle Körperfunktionen reagieren entsprechend. Das Herz rast, der Atem wird knapp, das vegetative Nervensystem zieht alle Register der Symptomproduktion. Es ist das limbische System und die darin befindlichen Mandelkerne, die Amygdalae, die diese Reaktionen beeinflussen. Der Körper erinnert sich an ein Ereignis, das irgendwann einmal angsteinflößend war. Die Medizin erkennt in diesem Zusammenhang nur vorgeburtliche oder frühkindliche Erfahrungen an, wer die Möglichkeit der Reinkarnation in Betracht zieht, bezieht auch Erfahrungen aus früheren Leben mit ein. Und selbst Zukünftiges kann auf unsere aktuelle Befindlichkeit einwirken, sagen manche Energetiker. Während eines Seminars mit einem bekannten Reinkarnationstherapeuten machten wir auch einen

»Ausflug« in ein zukünftiges Leben – was ich dabei wahrnahm, unterschied sich extrem von den Bildern, die ich aus Leben in der Vergangenheit erhielt. Gehirnforscher erklären diese inneren Bilder selbstverständlich mit Stimuli bestimmter Gehirnzentren – sie sagen, dass in Versuchen, in denen diese aktiviert wurden, von den Probanden Bilder wahrgenommen wurden, wie bei Trancesitzungen. Doch beweist das, dass sie nicht auch ohne solche Stimulierungen wahrgenommen werden können, eben weil sie im Körper- oder besser im Seelengedächtnis gespeichert sind? Für mich persönlich zählt nicht die Beweisbarkeit, sondern die Wirkung, die ich dadurch erziele. Wenn es den Menschen aus seiner Angst befreit, weil er in der Trance den Konflikt in einem früheren Leben gelöst hat, ist es doch gleichgültig, ob es sich um eine Annahme oder eine Tatsache handelt. Mit energetischen Methoden kann derselbe Effekt auch ohne Wiedererleben erzielt werden, lediglich der Stress wird festgestellt, den ein Thema erzeugt, mit geeigneten Mitteln oder Methoden kann dieser ausgeglichen und die daraus resultierende Angst aufgelöst werden. Das gelingt, weil die aus vergangenen Erfahrungen entstandene Verknüpfung zwischen auslösendem Reiz und Gefühlsreaktion getrennt wird.

Ich erlaube mir diesen Exkurs in die Energetik, weil das Thema Angst unseren Alltag über das gesunde Maß hinaus bestimmt. Sie ist vor allem ein mächtiges Instrument, um Menschen zu beeinflussen. Beides gehört zur Zwei. Menschen, die von dieser Energie mitbestimmt sind, neigen eher zu Angstzuständen. Vielleicht auch, um solche zu vermeiden, sind sie tendenziell nachgiebiger. Sie können sich eher ein- oder unterordnen als die willensstarken Einser. Das bedeutet, sie sind gute Teamplayer, müssen aber darauf achten, nicht zu oft einzulenken, Unbehagen hinunterzuschlucken. Deshalb ist die explizite Lernaufgabe der Zwei, das Dulden zu beenden, und ihr Unbehagen auszudrücken. Das fällt der Zwei nicht leicht. Ein Familienmitglied mit der

Zwei als Lebenszahl nimmt lieber Unannehmlichkeiten, sogar finanzielle Verluste in Kauf, als sich mit Behörden oder ähnlich mühsamen Institutionen auseinanderzusetzen. Der Aufwand ist ihm zu groß. Die Langmut ist aber auch die große Kraft der Zwei – wer von ihr geprägt ist, kann warten, hält das Nicht-Tun aus und durch. Ein Freund, auch er mit der Lebenszahl Zwei, übt den Beruf des Paparazzo aus. Das bedeutet oft stundenlanges, auch tagelanges Warten. Und nicht immer führt es zum Erfolg. Während dieser Zeit des Wartens verhält er sich wie eine Katze, die auf der Lauer liegt. Reglos bleiben und im entscheidenden Moment zupacken. Tradierte Märchen berichten häufig von diesem Abwarten, Aushalten, Ruhigbleiben. Helden und Heldinnen schlafen seelenruhig, obwohl eine für menschliche Fähigkeiten unmögliche Aufgabe zu erledigen ist, denn nach dem Erwachen ist alles für sie erledigt. Andere schweigen jahrelang, um Brüder zu erretten, und nicht nur die Märchen berichten von Mädchen oder Frauen, die jahre- und jahrzehntelang auf den Liebsten warten. Das mussten auch viele Frauen nach den Kriegen tun, deren Männer in Gefangenschaft waren.

Die Tochter der Erdlinge, von der mein Märchen erzählt, harrt ungezählte Zeitperioden in einer Position aus. Dieses Durchhalten und Abwarten, um im richtigen Moment aktiv zu werden, fällt vielen Menschen unserer Zeit schwer. Aber auch das Verständnis für Menschen, die sich Zeit lassen, die nicht(s) tun, fehlt häufig. Vielleicht gäbe es viel weniger Depressionskranke, wenn wir der Zeit wieder ihren Lauf ließen, wenn wir erlaubten, dass Dinge manchmal erst nach langer Wartefrist geschehen. Es ist die Qualität der Zwei, ein Nicht-Geschehen zuzulassen, damit wirklich Hilfreiches geschehen kann. Als ich ein Haus im Grünen suchte, erhielt ich den wertvollen Tipp: »Lass das Haus zu dir kommen.« Ich stellte die krampfhafte Suche ein, las aber weiterhin entsprechende Inserate. Wenige Wochen später entdeckte ich:

»Knusperhäuschen zu mieten oder zu kaufen.« Es war genau das Haus, dessen Verkauf mich nun, nach siebzehn Jahren, zum eigentlichen Ziel meiner Wünsche gebracht hat.

Wenn Sie zu den Menschen gehören, die lieber mal Pause machen, wenn Sie To-do-Listen eher ignorieren, zwingen Sie sich nicht zu ungemäßer Aktivität, wenn Ihnen nicht danach ist. Lassen Sie sich nicht als faul oder gar depressiv abstempeln von der Getriebenheit, die unser Leben viel zu oft bestimmt. Denn auch für eine weitere Eigenschaft der Zwei braucht es Muße: Zweier sind besonders intuitiv veranlagt, bis hin zur Hellsichtigkeit. Besonders die Zwanzig ist damit begabt, dennoch wundern sich viele am 20. geborene Ratsuchende, wenn ich ihnen von ihrem Talent erzähle. Denn meist taucht diese Begabung in der frühesten Kindheit auf. Wenn Eltern und andere Erwachsene dies jedoch nicht wertschätzen, es gar dem Kind ausreden oder, noch schlimmer, es lächerlich machen oder als Schwäche bezeichnen, dann lernt das Kind, diese Gabe zu verdrängen. Viele Männer mit einer Zwei, etwa als Lebenszahl, vermeiden es, diese nachgebende, empfindsame Seite ihrer Persönlichkeit zuzulassen. Womit wir wieder bei der Angst wären. Denn Fähigkeiten, die negativ bewertet werden, aber dennoch vorhanden sind, erzeugen Angst. Sie werden verdrängt, unterdrückt und offenbaren sich dann in einer Form, die wir nicht beeinflussen können. Und diese Unbeeinflussbarkeit erzeugt erst recht die Angst davor. Erst wenn wir sie uns eingestehen, wenn wir sie als Eigenschaften anerkennen und leben, können wir sie beherrschen. Das ist die damit verbundene Chance. Es sprengt den Rahmen dieses Buches, darauf einzugehen, wie die Einsicht in diese Prozesse gelingen kann. Mit einer guten Therapeutin, einem Coach oder Lebensberater, egal ob männlich oder weiblich, können Sie Ihrem Unverständnis, Ihrem Festhalten an einem eventuell veränderungsresistenten Selbstbild auf die Schliche kommen.

Menschen, die zu mir kommen, weil sie von der Angst beherrscht werden statt umgekehrt, rate ich gerne, sie sich zur Freundin zu machen. Denn Angst ist eine wichtige Begleiterin, sie bewahrt uns vor echten Gefahren, lässt uns mit Vorsicht handeln, und um sie zu überwinden, braucht es Mut. Wenn es gelingt, sind wir meist stolz. Um also das Gefühl des Stolzes zu empfinden, braucht es vorher die Angst, den Zweifel.

Weggabelungen und Gegenüberstellungen

Damit haben wir ein weiteres Gegensatzpaar, das aus der gegenseitigen Bedingung erst möglich wird. Stolz kann nur sein, wer die Angst kennt und bezwungen hat. Wesentlich ist, dass wir uns entscheiden. In vielen Märchen ist von Weggabelungen die Rede, noch mehr in Sagen. Denn wer auf der Walz war, musste sich wohl häufig für eine der möglichen Richtungen entscheiden.

Entscheidungen sind eine Herausforderung für zweierbestimmte Menschen. Denn wer die eine Seite kennt, weiß auch um ihr Gegenteil. Deshalb ist die Lernaufgabe, sich zu entscheiden, es ist gar nicht so wichtig, wofür, als es überhaupt zu tun. Ich kenne aber auch Menschen mit der Zwei als Lebenszahl, die besonders rasch entscheiden, mitunter auch zu schnell. Besonders wenn die Zwei mit der Neun gemeinsam im Zahlenbild aufscheint, denn die Neun drängt zum Handeln, zur tätigen Weisheit. Ich vermute, dass die Angst, nicht weiterzukommen, so groß ist, dass die Überlegungen über ein Für und Wider einfach vermieden werden.

Die Zwei hat einen starken Bezug zur Materie, sie wird auch der Erde zugeordnet, den Eigenschaften, die wir landläufig als mütterlich bezeichnen. Im Tarot ist es die *Hohepriesterin*, als 20 das *Gericht*. Besonders die Zwanzig hat häufig das Bedürfnis nach materieller Sicherheit, Ansehen und Bedeutung. Doch der Hinweis der Zahlenkabbala lautet: Je mehr du etwas haben willst, desto weniger wird es dir zuteil, je mehr du loslässt, desto eher kann es eintreten. Damit ist bereits die Essenz der Dreizehn angesprochen, dazu können Sie mehr im entsprechenden Kapitel lesen. Diese Diskrepanz zwischen gestresstem Erstreben und vertrauensvollem Loslassen drückt sich im tatsächlichen Erleben sehr unterschiedlich aus. Viele Zwanziger sind Sammler_innen, manche sammeln auch Körperfülle. Gerne verweise ich auf den berühmten deutschen Ex-Bundeskanzler Helmut Kohl, in seinem Zahlenbild findet sich die Zwanzig gleich zwei Mal. Er erreichte Ruhm und Ansehen, verlor diese aber auch sehr plötzlich. Vermutlich hat er genau dann seinen Abstieg in die Wege geleitet, als er die Macht nicht mehr loslassen wollte. Dies führte zu Entscheidungen, die später, als sie bekannt wurden, sein Ansehen gehörig anpatzten.

Doch die Zwanzig fordert nicht weltliche Anerkennung, sondern Hinwendung zur spirituellen Entwicklung. Die Voraussetzung ist Vertrauen, auch dies ein Stolperstein der Zwei, denn die Angst ist schließlich ein Produkt mangelnden Vertrauens. Wer im Vertrauen ist und sich auf Sinnhaftigkeit besinnt, seine übersinnlichen Fähigkeiten zum Gedeihen der Umwelt einsetzt, der kann als Nebeneffekt durchaus weltliche Entlohnung gewinnen.

»Wer fliegen möchte, muss ins Ungewisse loslassen können«, lese ich in meinen Notizen. Und Laotse wird zugeschrieben: «*Wenn ich loslasse, was ich bin, werde ich, was ich sein könnte. Wenn ich loslasse, was ich habe, bekomme ich, was ich brauche.*»

Wissen und es zu erwerben gehören ebenfalls zur Zwei. Ihre Energie unterstützt bei der intuitiven Auswahl dessen, was wesentlich ist und daher ins Langzeitgedächtnis übertragen wird. Unser Held hat durch die Lösung der zweiten Aufgabe das Wasser des Wissens erhalten. So wie auch in unserer Welt Wissende viele Vorteile haben, wird es ihm auf seiner weiteren Reise mehrfach große Hilfe sein.

DIE WEISHEIT VON DREI IN EINER

Zwei Rätsel waren gelöst, der Reiter verstand nun die Sprache der Tiere und hatte das Wasser des Wissens dazugewonnen. Die Ebene weitete sich und bald sah er das türkisfarbene Wasser des dritten Flusses, das die Strahlen der erneut erwachten Sonne mit seinem Glitzern erwiderte. Es war das friedlichste Bild, das er je gesehen hatte, und er dachte, dieses Rätsel müsse beinahe im Vorbeireiten zu lösen sein. Hier würde er sich nicht allzu lang aufhalten, es sei denn, um ein wenig Kraft zu tanken für die weiteren zehn Prüfungen, die danach noch vor ihm liegen würden. Vertieft in diese Gedanken hatte er das Vorüberziehen der Landschaft gar nicht wahrgenommen und stand schließlich überrascht am Ufer des dritten Flusses. Darauf schwamm ein Boot, darin eine Frau in Raum ausfüllender Präsenz, ihr Antlitz wandelte sich unaufhörlich. Zunächst schien sie blutjung, mit dieser ganz besonderen Schönheit ausgezeichnet, die sich nur entfaltet, wenn noch keinerlei Leid seine Spuren hinterlassen hat. Doch gleich darauf wurde es zum Antlitz der Frau, die mitten im Leben stand, die Freud' und Leid als Teil des Lebens kennengelernt und angenommen hatte. Danach wurde das Gesicht müde und faltenreich und schien zu schwinden, nur um im selben Augenblick erneut von der jugendlichen Schönheit, für die noch so viel zu erwarten war, abgelöst zu werden.

49

Gebannt beobachtete er diese sich beständig wiederholende Metamorphose, die Zeit schien still zu stehen und gleichzeitig zu werden wie zu vergehen. Diesmal sah er die ihm bereits bekannten Variationen seines Ichs rund um sich im Kreise drehend, auch sie in ständig alternder Abfolge, bis erneut die Jugend hervorstach. In ihm keimte eine Ahnung der vergangenen und zukünftigen Leben, wie Blitzlichter tauchten vor seinem inneren Auge Szenenabschnitte auf, er lernte sich in verschiedensten Rollen kennen, nicht alle gefielen ihm, manche lehnte er ab als zu ihm gehörende Wirklichkeit, doch jedes Mal, wenn er sich weigerte, sich selbst anzuerkennen, zwang ihn ein Stich des Herzens, auch diese ungeliebten Seiten seiner selbst wahrzunehmen und zu integrieren. Die Frau schien ihn nicht zu bemerken, aber vielleicht war dies auch gar nicht vonnöten, denn sie war ja Teil des Ganzen und er in seiner jetzigen körperlichen Anwesenheit nur ein Mosaiksteinchen des Gesamtbildes. Er blieb also stehen und atmete dieses Gewebe aus Zeit und Raum, aus Vergangenheit, Gegenwart und Zukunft, ein. Das Füllhorn voll Wasser des Wissens schien sich auszudehnen und diese Fülle an Verständnis das bereits gespeicherte Wissen anzureichern. Immer mehr wurde er zu nichts als unermesslicher Empfindung, die ihn wie goldenes Licht von innen heraus wärmte. Mit diesem Gefühl der Stärke, des Wohlbefindens schien ihm kein Rätsel zu schwer und erwartungsvoll blickte er, nun wieder ganz in seinem Ich angekommen, auf das Boot und dessen Steuerfrau. Da begann diese vielstimmig zu singen, wie ein Chor aus unbekannten Welten. In fremder Sprache drangen Sätze ihm ins Ohr, und kaum angekommen entschlüsselte sich ihm deren Sinn. Daher wusste er seine nächste Aufgabe, ohne sie wiederholen zu können. Er machte sich auf den Weg, in Richtung eines Wäldchens von fruchtbehangenen Bäumen. Unter ihnen entdeckte er den Baum mit den goldenen Äpfeln, von denen er in Mußestunden des Geschichtenlauschens einst erfahren hatte. Er wusste, sie waren kostbar und selten, und streng bewacht, wer einen ernten wollte, dem drohte der Tod. Doch immer war es einem Helden oder einer Heldin geglückt, nach drei Versuchen konnte ein goldener Apfel dem wartenden König, der launischen Prinzessin dargebracht werden. Er streckte die Hände nach den goldenen Früchten, doch diese schnellten sofort zurück, es wollte ihm nicht gelingen, einen davon zu erhaschen. Erschöpft vom langen Ritt und seinen fruchtlosen Versuchen legte er sich ins Gras unter dem Baum und schlief augenblicklich ein.

Da träumte ihm, ein kleiner Vogel säße im Geäst des seltenen Baumes, der könne seine Stimme nur wiederfinden, wenn er ein Stück eines der goldenen Äpfel in seine Kehle bekäme. Doch auch ihm wichen die kostbaren Früchte aus, vergeblich hoffte er auf die rettende Nahrung. Der Reiter träumte weiter, da erschien die dreigesichtige Frau, sie strich mit einer goldenen Feder über die Äste des Baumes, da neigten sie sich dem Schläfer zu und einer der Äpfel blieb in seiner Hand. Als er erwachte, lag darin tatsächlich eine der goldenen Früchte. Er rief nach dem Vogel – die Sprache der Tiere hatte er nicht vergessen – und etwas scheu, aber sehr aufgeregt flatterte das stumme Tier in seine Nähe. Er brach ein Stück Apfel, legte es vorsichtig auf den Rasen – denn ein wenig fürchtete er, der Baum könnte sich das gute Stück wieder zurückholen – und entfernte sich, damit der scheue Vogel sich das Heilmittel holen könne. Kaum hatte der hineingepickt, begann er ganz wundersam zu tirilieren, so wohlklingend, dass dem Reiter das Herz weit wurde. Danach versuchte er noch ein zweites Mal sein Glück und wirklich, ein Ast neigte sich ihm zu und schenkte ihm eine weitere seiner goldenen Früchte. Diesen Apfel bewahrte er auf, er würde ihm bei seinen Aufgaben bestimmt wertvolle Hilfe sein. Und einen dritten Apfel wollte er der Weisen Frau bringen, auch dieser ließ sich pflücken.

Er kehrte zurück zum Fluss, vom angebrochenen Apfel

gab er ein Stück seinem Pferd, eines dem Fluss und ein letztes
aß er selbst. Der dreigesichtigen Weisen Frau, der dritten der
Dreizehn, gab er den letzten der goldenen Äpfel als Fährgeld,
dafür setzte sie Ross und Reiter ans andere Ufer über. Und
erneut ging es dahin, dem vierten Abenteuer entgegen.

Drei Wünsche, drei Rätsel und mehr – die Märchenformel

Kaum eine Zahl kommt in Märchen so oft vor wie die
Drei. Drei Brüder oder Schwestern, drei helfende Tiere, drei
Wünsche, drei Rätsel oder drei Hilfsmittel, um nur einige
Beispiele zu nennen. Sie steht für die Dreiheit von Körper,
Geist und Seele, von Fuß, Herz und Kopf, oder Denken,
Fühlen und Handeln. Jeder Finger außer dem Daumen hat
drei Glieder. Die Drei ist auch Sinnbild für Vergangenheit,
Gegenwart und Zukunft, sie fand sich über Jahrtausende in
der Dreiheit der archaischen Göttin (siehe die Ausführungen
in meinen Büchern zu den Raunächten), die durch die spä-
testens ab dem vierten Jahrhundert patriarchal bestimmte
christliche Kirche in das Sinnbild der Dreifaltigkeit umge-
wandelt wurde. Das Dreieck ist die Flächendarstellung mit
der Mindestanzahl an Geraden, drei Beine eines Tisches
oder Stuhls bieten das höchste Maß an Stabilität und drei
Menschen bilden die kleinste Einheit einer Gruppe, weshalb
die Drei auch für die Familie symbolisch ist: Vater, Mutter,
Kind.

Deshalb betrifft das Themenspektrum der Drei jegliche Form des gemeinschaftlichen Zusammenlebens –
im Besonderen den Aspekt der Familiengründung, was
eine funktionierende Partnerschaft voraussetzt. Daraus
folgt, dass Menschen, die von der Drei geprägt sind, laut

Zahlenkabbala ihre Partnerschaftsfähigkeit entwickeln sollen. Denn sie sind besonders freiheitsliebend, brauchen Raum, real ebenso wie mental. Das heißt: weitläufige Räume, einen eigenen Bereich im gemeinsamen Wohnumfeld ebenso wie Gedankenfreiheit, also ausreichend Spielraum für Phantasie und das Erproben des Erdachten. Dass sie diese Fähigkeiten zur Kommunikation ebenso wie zur unbegrenzten Nutzung ihres Intellekts haben, macht sie bildungshungrig und fähig, aus Büchern zu lernen, ganz im Gegensatz zu Neunergeprägten, die durch das praktische Erproben, durch die Erfahrung aus der Umsetzung lernen. Die Schattenseite dieser Fähigkeit ist die Besserwisserei, eine Eigenschaft, mit der Dreier anderen ziemlich auf die Nerven gehen können, ebenso wie mit ihrem Freiheitsbedürfnis unter gleichzeitiger Erwartung der Verfügbarkeit des Partners/der Partnerin und deren absoluter Treue. Je nach Position und Kombination mit anderen Zahlen im Zahlenbild des Geburtsdatums sind all diese Eigenschaften stärker oder schwächer ausgeprägt. Eine Drei oder 12, 21 oder 30 als Geburtstag kann sogar zur Blockade der Kommunikationsfähigkeit führen, das heißt, auch Sprachfehler oder Ausdruckshemmung können damit einhergehen. Doch meist sind dreierbestimmte Menschen sehr sprachbegabt – das bezieht sich auf alles, was mit dem stimmlichen Ausdruck zusammenhängt, daher auch Gesang oder Redekunst. Ihre Aufgabe ist, die Kommunikation aus der Energie des Herzens heraus zu führen. Erinnern Sie sich an die Wärme, die der junge Reiter spürt, als er dem Empfinden Raum gibt und die daraus wachsende Stärke? Genau das sollen Dreier lernen: ihren Herzensraum zu öffnen, mitfühlend zu sein.

Von den Chancen der Dreierpersönlichkeit und der besonderen Schutzenergie der 21

Erneut verweise ich darauf, dass die Symbolik einer Zahl vor allem ausdrückt, welche Aufgabe, welche Herausforderung der Mensch, dessen Geburtsdatum von dieser jeweiligen Zahl mitgeprägt ist, zu meistern hat. Allerdings drückt die Drei eher besonders förderliche Energien aus, ihr Übertitel lautet »Die große Chance«, die jedoch auch erkannt und genutzt werden muss. »Chancen sind wie Sonnenaufgänge – wer zu lange wartet, verpasst sie«, habe ich in meinen Seminarunterlagen notiert. Die Drei kann durchaus Wagnisse eingehen – besonders wenn die Drei aus der 21 entsteht (zur Erinnerung: 2 + 1 = 3), steht sie quasi für Narrenfreiheit, denn Schutz für Unfälle, aber auch Lebenssituationen ist garantiert. Dies konnte ich bestätigen, als ich 1997 erstmals eine Analyse meines Geburtsdatums durch meinen späteren Lehrer erfuhr. Denn auch in meinem Zahlenbild findet sich die 21, inmitten anderer Zahlen. Er meinte:»Du kommst letztendlich aus allen schwierigen Lebenslagen heraus, es findet sich immer ein Weg.« Das entsprach voll und ganz meinen Lebenserfahrungen und beruhigt mich bis heute. Auch wenn Torbergs Tante Jolesch meint:»Gott soll einen hüten vor allem, was noch ein Glück ist« – es ist immer noch besser als die echte Katastrophe. Doch dieser Schutz der 21 bedeutet nicht, dass man Raubbau an der eigenen Gesundheit betreiben darf oder bewusst das Risiko ausloten soll. Aber ich konnte nicht anders, mein starkes Bedürfnis nach Freiheit ließ mich sehr kompromisslos werden, insbesondere betreffend Arbeitsbedingungen. Die Folge war eine häufig prekäre wirtschaftliche Lage, als alleinerziehende Mutter ziemlich herausfordernd. Doch immer wieder erreichte mich im entscheidenden Moment ungeahnte Hilfestellung.

Dieses Bedürfnis nach Freiheit gilt allerdings vor allem der inneren Freiheit. Wer diese erreicht, kann jegliche

Begrenzung im Außen gut aushalten. Und weil die Seele nicht begrenzt werden kann, ist dieser Zustand für jeden erfahrbar, es sind lediglich scheinbare Begrenzungen der Materie, die es uns nicht immer erkennen lassen.

Weil dieser absolute Zustand erst erarbeitet und erkannt werden muss, lehrt mich meine Erfahrung, dass Menschen mit der Lebenszahl 3 häufig Single bleiben. Sie fordern viel Anpassungsfähigkeit und Toleranz vom Partner oder der Partnerin, lassen sich ungern räumlich oder zeitlich einschränken, gleichzeitig erwarten sie, dass der – durchaus geliebte – Mensch an ihrer Seite präsent ist, wenn sie danach das Bedürfnis haben. Auch das ist selbstverständlich nur ein Grundmuster, das sich unterschiedlich stark manifestiert. Doch bedeutet es für die von der drei geprägte Persönlichkeit Arbeit an sich selbst, um partnerschaftsfähig zu werden. Und genau das ist das Ziel der »Dreier«.

Genussbegabung

Weil Dreier eher zu den Glückstalenten zählen, fällt es ihnen vermutlich so leicht, zu genießen, auch lieben sie Luxus. Sie nehmen sich den Raum und die Zeit, Geschmack auszukosten, die Schönheit eines Ortes voll Genuss aufzusaugen oder den Klängen eines Konzertes andachtsvoll zu lauschen. Dies alles bedeutet auch Heilung, weshalb die Drei eine gewisse Gesundheitsgarantie bietet. Wie erwähnt, es kommt immer ebenso auf die weiteren Zahlen im Geburtsbild an, aber auch auf später wirksame Faktoren. Ich analysiere außerdem Namen – die Energie, die durch deren Buchstaben dargestellt wird, ergänzt die Geburtsenergie auf die eine oder andere Weise, mal unterstützend, mal mit zusätzlichen Lernaufgaben. Allerdings kam mir kaum ein Name unter, der nicht thematisch das Geburtsdatum sinnvoll ergänzte, das heißt, es kommt kein völlig neues Thema dazu. Auch auf diese Weise sorgt die Seele für ihrem Plan entsprechende Grundvoraussetzungen. Die Form, in der sich diese dann manifestieren, ist allerdings von Entscheidungen auf Grund des freien Willens aller Beteiligten abhängig, weshalb zu viele Menschen sehr leidvolle Erlebnisse erfahren. Salopp gesagt, unterscheiden sich im Entwicklungsweg der Seele »Traum und Wirklichkeit« mitunter diametral. Wer aber von der Drei getragen ist, und noch mehr, wenn die 21 die Ausgangsbasis ist, der ist üblicherweise doch auf die Butterseite gefallen.

Die Kurzformel für die Eins könnte lauten »Ich will« oder auch »Ich bin«, für die Zwei »Ich fühle«, und für die Drei »Ich kann«.

DAS VERLIES DER ERDIGEN

ie liebliche Landschaft des dritten Flusses hatte der junge Mann hinter sich gelassen, die Gegend war karstig geworden, einige Schafe suchten im steinigen Gelände nach den wenigen nahrhaften Grasbüscheln zwischen krummgewachsenen Latschen. Zwei Widder hatten sich im Revierkampf verkeilt, eines der Herdenmitglieder stellte sich dem Reiter in den Weg. Ein Mutterschaf bat ihn, den Streit der beiden schlichten zu helfen, sie kämen nicht mehr voneinander los, seit Tagen ginge das schon so. Er wollte eigentlich ohne Aufenthalt zur nächsten Aufgabe eilen, doch was ihm unterwegs begegnete, brauchte wohl auch seine Tatkraft. Er gedachte der tierischen Unterstützer auf seinem bisherigen Weg und nahm sich der Widder an. »Worüber könnt ihr euch nicht einig werden, ihr beiden Streithammel, eure Herde benötigt eure Übersicht und Entscheidungen, bald findet sie hier keine Nahrung mehr, ihr aber kümmert euch nur um die Kraft eurer Hörnerwindungen!« Da hielten die beiden inne und mähten: »Dann sag du uns, wer von uns beiden die Herde weiterführen soll, keiner will aufgeben und so kommen wir zu keiner Lösung.« »Wenn ihr beide so stark seid, dann kann das für eure Herde doch nur gut sein. Teilt euch die Aufgaben und es wird eine große und gut gesicherte Herde werden.« Die beiden Widder hielten inne in ihrem Gerangel und blickten überrascht. »Das hat es zwar noch nie gegeben, ist aber wert, erprobt zu werden. Dann kann immer einer rasten, während der andere die Arbeit tut. Und während des Wanderns zur nächsten Weide können wir unsere Schafe von beiden Seiten schützend begleiten, denn vier Augen sehen mehr als zwei – ab' ich die Menschen mal sagen hören«, ergänzte der eine, um seine wenig schafsmäßige Rede zu erklären. Ein Anflug eines Lächelns erhellte daraufhin des Reiters entschlossene Miene, und schon wollte er wenden, um den vierten Fluss zu erreichen, da blökte der andere Bock ihm nach.»Nimm ein Stück Wolle mit auf deine Reise, sie wird dir zur rechten Zeit in die Hände fallen und dir nützlich sein.« Mit seinem Messer schnitt der Reiter ein Stück aus dem Vlies des Herdenführers, dann gab er seinem Pferd die Sporen. Denn schon senkte sich die Sonne und goss ihr rötliches Gold über die umgebenden Bergrücken. Ein schmaler Pfad führte über die Hügelkette und danach steil hinab ins Tal, in dem ein grünlich-gelber Fluss sich ausbreitete, gesäumt von steinigen Uferflächen. Alles schien wohlgeordnet, doch fehlte dem Bild die fröhliche Unbeschwertheit, die ihm die zuletzt gestellte Aufgabe so leicht erfüllbar gemacht hatte. Weit und breit konnte er kein Wesen erkennen, die vierte der Weisen Frauen fehlte in dieser Stimmung der Ordnung und Strenge. Er hatte sich bisher nie Gedanken darüber gemacht, dass jedes Mal eine der Schwestern bereits auf ihn zu warten schien. Ebenso gut hätten sie in ihrem Schloss ihre Aufgaben untereinander aufteilen oder im Land zur Stelle eilen können, wo ihre Unterstützung vonnöten war.

Die Nacht war im Begriff, ihre Schleier über der Gegend auszubreiten. Vorsichtig, Schritt für Schritt, näherte sich sein Pferd dem dahinfließenden Wasser, als er ein tiefes Tönen aus dem Untergrund vernahm. Es ließ den Boden unter den Pferdehufen erzittern und die Wellen des Flusses anschwellen. Ein Urgeräusch, mit keinem Tierlaut vergleichbar, klagend und wehmütig. Es schien, als litte die Erde große Schmerzen, als wäre ihr unendliches Leid geschehen. Nun hörte er auch das Rauschen des Flusses, das wie eine zweite

Stimme das Klagelied des Grundes, in den er sein Bett gewunden hatte, begleitete.

Er stieg ab und legte sein Ohr auf den dröhnenden Untergrund. Die Steine vibrierten in ihn hinein und er verstand die Botschaft, das sehnende Flehen dieses Urschmerzes. »Weh, ich Gefangene der Unterwelt, löse die Fesseln, damit ich zurückkehren kann zu meinen Schwestern, um das fehlende Glied erneut einzufügen, damit der Fluss des Lebens wieder ohne Unterbrechung fließen kann!« Nun endlich verstand er, warum die Dunkelheit sich in seinem Land ausgebreitet hatte, die Freude vielerorts gewichen, und das düstere Königspaar, das sich der Herrschaft über sein Volk bemächtigt hatte, kinderlos geblieben war, ohne Kenntnis der Weisheit der Dreizehn. Die Frauen, die über das Glück des Landes gewacht hatten, waren geschwächt, denn die vierte fehlte und damit ihre Gaben. Die Strenge des neuen Königs war ein trauriger Ersatz für ihre Klarheit und Struktur, die der Gemeinschaft Halt gab und die Verhältnisse regelte. Das war also das vierte Rätsel, ein weiteres Gefängnis der Unterwelt musste entdeckt und geöffnet werden. Er schaute sich um. Wo waren sie, die Erdmänner, deren Tochter er erlöst hatte, nun hätte er ihre Hilfe gebraucht! Doch nirgends ließ sich eines dieser Lehmwesen erblicken. Auch keine Tiere, die ihm einen Hinweis hätten geben können. Er erinnerte sich der Glöckchen, und öffnete das Band. Sofort erklang ihr zartes Geläute, das ihm zuraunte: »Geh in den Wald, nahe der Weide der Schafe, dort wirst du den Eingang finden.« Zurück also musste er, in den Latschenwald, ein wenig Ruhe hätte gutgetan, aber sein Pferd war schon unterwegs und er mit ihm. Es war tiefe Nacht, als sie ankamen und nun mussten sie rasten, keinen Finger breit hätte er etwas erkennen können. Am Waldesrand fanden sie einen geschützten Platz, ein kleines Feuer sollte wilde Tiere fernhalten, dann fielen beide in einen tiefen Schlaf der Erschöpfung.

Unterdessen versammelte sich eine bunte Schar nächtlich aktiver Wesen um sie herum. Das Elfenvolk litt schon lange unter der fehlenden Obhut der vierten Weisen, ihre Rangordnungen waren zusehends durcheinandergeraten, ihre Tänze hatten an Struktur verloren und damit gelang auch das Zusammenspiel nicht mehr, jedes der durchscheinenden Zauberwesen tanzte irgendwo für sich herum, und damit ging der ganze Spaß verloren.

Auch wollte niemand für das Durcheinander geradestehen, sie beschuldigten sich gegenseitig – mit einem Wort, im Elfenland gab es Streit und Unzufriedenheit, Zustände, für die es in der Elfensprache nicht einmal Namen gab. Die Kunde vom mutigen Reiter, der es sich zur Aufgabe gemacht hatte, alle dreizehn Flüsse und damit alle Weisen Frauen schlussendlich gemeinsam aufzusuchen, hatte sich bis zu ihnen herumgesprochen, und mit zum Bersten mit Hoffnung gefüllten Herzen standen sie nun um den Menschen, dessen Gelingen über so viele und so vieles entscheiden würde. Die Schafe hatten ihnen bereits berichtet, dass er sich trotz seines Auftrags des Streits der Widder angenommen und noch dazu einen wirklich klugen Vorschlag gemacht hatte. Er hatte also das Herz am rechten Fleck und nahm seine Verantwortung ernst, das war ein gutes Zeichen. So tuschelten die Elfen, trotz aller fehlenden Ordnung, und wurden sich einig, ihn aus Kräften zu unterstützen, damit die Suche nach der Weisen Frau und ihre Befreiung gelänge. Wie war diese denn überhaupt in diese missliche Lage geraten? Niemand hatte das mitbekommen, eines Tages war sie einfach nicht mehr zum Fluss gekommen, hatte ihren Landstrich nicht mehr betreten.

Weil die Ordnung unter den Elfen ja nicht zum Besten stand, hatte sich eine Vorwitzige zu nahe an den künftigen Helden herangewagt. So kitzelte sie seine Nase, irritiert davon erwachte er. Rund um sich sah er die Lichterwesen und erkannte sofort die günstige Situation: »Seid gegrüßt, ihr geflügelten Nachttänzerinnen, könnt ihr mir den Weg in die Unterwelt zeigen, damit ich die vierte der Weisen Frauen befreien kann?« Nun waren die Elfen ja sehr kleine Leute, ihre Zugänge in das Land unter der Erdoberfläche konnte der Mensch nicht nutzen. Sie boten ihm daher an, ihn zur Mutter der Bäume hier im Umkreis zu führen, ihre Lichter sollten ihm den Weg erhellen. Das Pferd würde unterdessen auf ihn warten. Auch wenn er den treuen Gefährten ungern verließ, welche Wahl hatte er?

Die Baummutter brummte:»So spät kommst du, die Vierte fehlt der Welt schon allzu lange! Sieh, ich hebe eine meiner Wurzeln so hoch es geht. Dann solltest du einen Eingang erkennen, durch diesen gelangst du hinab in die Welt der Erdigen, die das Glück und die Freude aus der Welt saugen, denn nur so haben sie dort unten Licht. Sie halten die vierte der Weisen Schwestern gefangen, das dadurch entstehende Ungleichgewicht erleichtert ihnen diesen Diebstahl. Du bist dort ganz auf dich gestellt, keines der Lichtwesen, kein Tier und auch keiner der Erdmänner dürfen dich begleiten, sie könnten nie wieder entkommen. Noch nie hat ein Mensch ihre Welt betreten, zumindest nicht, seit sich die Bäume erinnern können. Wie es dir dort ergeht, kann niemand sagen. Du wirst all deinen Mut benötigen und jede Einheit Klugheit, um die Weise Frau zu befreien und den Weg zurück zu finden. Nimm noch einen guten Schluck vom Wasser der Wissensquelle, damit dein Geist dir bestmöglich dienlich sein kann.«

Der Heldenmut des Jungen lief Gefahr, ihm abhandenzukommen, stand doch sein Leben auf dem Spiel. Allerdings auch das vieler anderer Menschen, zumindest ihr Glücklichsein. Und was war Leben schon wert, ohne Glück und Freude? Also nahm er den Schluck aus dem Horn, achtete darauf, dass die Glöckchen gut um seine Hüfte gebunden waren und das Vlies des Widders sein Herz warmhielt, um die Freude im Inneren zu bewahren, den Versuchen der

Erdigen zum Trotz. Denn all sein Mut und sein Vertrauen, dass sein Unternehmen gelingen würde, wären ohne dieses wärmende Gefühl der Freude geschwunden.

Alle wünschten ihm Glück, so hatte er eine ordentliche Reserve dabei, und abwärts ging es in den Untergrund. Finsternis umschlang ihn, er war ganz und gar auf seine anderen Sinne angewiesen, er nahm wahr, dass er die Geräusche der Stille vernehmen konnte, dumpfes Vibrieren, leichte Zischlaute, gelegentliches Schaben – das Erdreich war voller Leben. Er tastete sich die Wände entlang, erstaunt, dass er nach wie vor aufrecht gehen konnte. Und dann hörte er es erneut, nur viel stärker, viel deutlicher, das Wehklagen der vierten der dreizehn Schwestern. Weitertastend erfühlte er, dass sich die Erdwände auseinanderdehnten, auch fiel das Atmen leichter, er musste also einen unterirdischen Raum erreicht haben. Mit den Füßen vorfühlend ging er weiter, und dann nahm er, unendlich weit entfernt, ein flackerndes Licht wahr. Und die Stimme drang ganz nah an sein Ohr: »Geh nicht geradeaus, eine Schlangengrube trennt dich und mich, du musst sie umrunden, um zu mir zu gelangen!« Der Atem stockte ihm, doch nach kurzem Innehalten tastete er, sich nach rechts wendend, die Wand entlang, um am Rand der Grube zu bleiben. Gelegentlich hörte er ein Zischen, ansonsten herrschte Totenstille. Er behielt das Lichtlein im Auge, während er sich ihm in weitem Bogen näherte. »Halt!«, schrie plötzlich eine andere, schneidendschnarrende Stimme. Und nun mengten sich weitere Stimmen dazu, kreischend und dröhnend. »Noch nie hat ein Mensch diese Unterwelten betreten, wie kann er es wagen!«, »Ergreift ihn und werft ihn den Schlangen zum Fraße vor!«, »Nein, teilen wir ihn in Stücke und genießen wir das Festmahl!« – Von allen Seiten geiferte es, doch irgendetwas schien sich um ihn wie ein Schutzmantel zu legen, sodass sie ihm nicht nahekommen konnten. Er fasste an sein Herz und spürte das Vlies, aus dem diese Schutzmacht unsichtbarer Strahlen ausging. Bereits etwas mutiger schritt er weiter, begleitet vom Gekeife der Erdigen, die ihm jedoch nichts anhaben konnten und umso wütender wurden. Er hatte das Halbrund beinahe zurückgelegt und sah nun das kleine Feuer, das eine zusammengekauerte Gestalt erkennen ließ, aber auch fratzenhafte Erdgestalten, die rechts und links von ihr Wache hielten und zu allen Grausamkeiten bereit schienen, um ihr Opfer gegen jeden Befreiungsversuch abzuschirmen. Dann spürte er eine schleimige Wand, die ihn am Weitergehen hinderte, durch sie hindurchzugehen ekelte ihn unendlich, und er hoffte inständig auf eine Eingebung, um sich dieser Prüfung entziehen zu können. Er hörte das höhnische Lachen des düsteren Volkes, da entsann er sich des Wassers des Wissens und dass doch bereits alles, was er benötigte, in ihm war, er musste nur seiner inneren Stimme zuhören. »Bücke dich«, war die prompte Anweisung. Und tatsächlich, die Wand aus Schleim hörte in Kindeshöhe auf, er machte sich klein und schlüpfte gebückt darunter durch. Jetzt erst erfuhr er die wahre Stärke der Wolle des streitbaren Widders. Denn kaum hatte er die ekelhafte Schranke überwunden und sich der kauernden Frau genähert, wurden die erdigen Wächter neben ihr wie von unsichtbarer Hand weggedrängt. Die Frau aber blieb, der wollene Schutzring wirkte nur gegen die Erdigen. Als er angekommen war, reichte er ihr die Hand, an der sie sich mühsam emporzog. Er musste sie stützen, und gemeinsam gingen sie nun über die andere Halbrundung zurück, denn hier lauerte kein Schleim. Am Ende des Weges führten zweiundzwanzig Stufen hinauf, dann standen sie auf dem schotterigen Ufer des gelbgrünen Flusses. Die Weise Frau schöpfte eine Handvoll des Flusswassers, immer und immer wieder, und ließ es über ihr Gesicht laufen. Erst als kein bisschen Erde mehr in dem abgeflossenen Wasser wahrzunehmen war, hörte sie auf und erhob sich. Strahlend schön und zu neuer Kraft gekommen, nahm sie den Reiter bei der Hand und durchschritt mit ihm das seichte Gewässer. Auf der anderen

Seite angekommen zählte sie vier Steine in ein Säckchen, die gab sie ihm mit, denn noch warteten neun weitere Rätsel auf ihn, die Steine würden ihm dabei gute Dienste leisten. Erst nach Lösung aller würde er ihr und ihren Schwestern in ihrem Schloss wiederbegegnen und die Botschaft für das Königspaar erfahren. Er bedankte sich ehrfürchtig und ritt erneut dem nächsten Fluss und dessen Rätsel entgegen.

Von Arbeit, Ordnung und der Leidensfähigkeit der Vier

Mit der Vier gilt es, Verantwortung zu tragen – Chancenreichtum und Leichtigkeit der Drei sind eine völlig andere Kategorie. Ihr Themenfeld ist die Verantwortung für Familie und Volk. Deshalb finden sich viele Politiker*innen unter den Menschen mit einer Vier als Lebenszahl. Donald Trump hat sie, ebenso wie unser ehemaliger Bundespräsident Heinz Fischer oder die ehemalige britische Premierministerin Margaret Thatcher. Denn die Vier soll in und für Gruppen wirken. Prominente Beispiele, wie sich das konkret auswirken kann, sind der Musiker Paul McCartney oder der Begründer der Psychoanalyse, Sigmund Freud. Sie sehen, die Bandbreite, in der sich Verantwortungsbewusstsein, Gruppenorientierung und Strukturliebe der Vier ausdrücken ist mannigfaltig. Eines meiner Lieblingsmärchen, »Die Bremer Stadtmusikanten«, erzählt auf sehr anschauliche Weise von dieser Kraft der Vier. Vier sehr unterschiedliche Individuen, die ein ähnliches Schicksal vereint hat und die sich auf ein gemeinsames Vorgehen einigen können, bei dem die besondere Eigenschaft jedes Einzelnen zum Wohl der Gemeinschaft zum Einsatz kommt, erreichen, was jedes für sich nie hätte schaffen können.

Für Menschen, die von einer Vier geprägt sind, gilt es, immer wieder aufs Neue Ja zum Leben zu sagen. Das bedeutet auch, auf andere zuzugehen. Damit ist eine weitere Grundeigenschaft dieser Energie angedeutet, nämlich die Aktivität. Die tätige Weisheit – das heißt, was ich gelernt habe, muss ich auch einsetzen. Der Reiter des Märchens schlichtet den Streit der Widder, obwohl diese Intervention ihn eher aufhält. Dass er dadurch etwas gewinnt, was ihm in der Folge das Leben rettet, ist die Ernte, nicht der Antrieb seines Handelns. Ich habe es schon erwähnt: Egal welche Zahl, letztendlich geht es immer um bedingungslose Liebe. Sie will entwickelt werden, absichtsfreies Entscheiden, Handeln, aber auch dankbares Annehmen (die Qualität der Zwei) ebnen den Weg in die Glückseligkeit. Studien ergaben, dass wir Menschen vor allem dann glücklich sind, wenn wir uns für andere einsetzen. Ob für Tiere, Pflanzen oder Menschen ist unsere Wahl, aber wer nur für sich selbst agiert, wer seine Entscheidungen und Handlungen nach dem egobestimmten Wollen ausrichtet, wird enttäuscht. Das ist der Nährboden, auf dem Süchte entstehen, denn der Moment der Befriedigung ist immer nur kurz, sofort muss nachgelegt werden, um erneut dieses Gefühl empfinden zu können. Dazwischen ist unerträgliche Leere, sie drängt, aufgefüllt zu werden.

Die Vier bedeutet praktisch orientiert sein, sachlich, traditionsgebunden und tatkräftig. Sie steht für die Erde, die vier Elemente oder die vier Jahreszeiten, also für das, worauf wir uns verlassen können (wie die Regelmäßigkeit von Sonnenauf- und -untergang oder die Mondphasen). Der Titel, der die Vier kennzeichnet, heißt die *kleine Ordnung*, das bedeutet, Struktur, Liebe zur Ordnung im Detail – ich nenne sie gern die Zahl der Buchhaltung. Wer sie mit einer Acht kombiniert im Zahlenbild hat, der ist ein echtes Organisationstalent. Die nötige Führungsqualität ergänzt dann die Zehn. Zu allen lesen Sie in den Folgekapiteln mehr, dieser kleine Exkurs soll nur andeuten, wie komplex ein Datum betrachtet werden muss, um der Gesamtpersönlichkeit gerecht zu werden. Das Ja zum Leben ist für die Vier deshalb so essentiell, weil sie durch das Erleben lernt. Wer sich weigert – Sturheit ist ebenfalls eine der Vier zugeordnete Eigenschaft –, den bewegt das Leben. Dann wird durch das Leiden gelernt. Es ist also empfehlenswert, weniger starrsinnig, stattdessen lernbereiter zu werden. Der Begriff »lernen« steht in den spirituell orientierten Empfehlungen nicht für die in der Schule angebotene Wissensvermehrung, aber um Wissen und Weisheit geht es jedenfalls. Doch wann die Armada untergegangen ist oder irgendjemand König wurde, ist für die Seele unbedeutend. Dass aber in der Bibel auch von Matriarchinnen erzählt wird, ohne deren Geburten die Gründung des Volkes Israel nicht möglich gewesen wäre, hat schon ein wenig mehr Informationsqualität. Dennoch geht es nicht um dieses Wissen, die Zahl Vier betreffend. Vielmehr ist, wie bereits erwähnt, die Seele inkarniert, um Erkenntnisse zu gewinnen, die der Seelenfamilie Entwicklungsmöglichkeit bieten. Denn nur in der Polarität, eben dadurch, dass es Gegensätze gibt, die – je nach Entscheidung – zu lebensschädigenden oder lebensförderlichen Ergebnissen führt, sind entsprechende Erfahrungen und Erkenntnisse möglich. Es gilt also auch für die Seele: Durch Scheitern wird man klug.

Vier Blätter und warum sie Glück verheißen

Botanisch korrekt betrachtet hat der Klee nur ein Blatt – die einzelnen herzförmigen Teile heißen Finger, egal ob es drei oder vier oder gar mehr sind. Er ist damit auch ein Symbol der Gruppe, alle wachsen auf demselben Stängel und stehen doch jeder für sich. Dem Klee mit vier solchen Fingern wird der Transport des Glücks nachgesagt, nicht nur weil er so selten ist oder weil Eva ihn aus dem Paradies mitgenommen hat. Angeblich schützt er auch vor Elfenzauber. Diese winzigen Wesen sind nämlich nicht immer freundlich, die Märchenwelt der britischen Randzonen berichtet teilweise auch sehr Ungemütliches von den Wesen, die sich angeblich schwer mit der Fortpflanzung tun. Deshalb stehlen sie nämlich gerne Kleinkinder und tauschen sie gegen einen Wechselbalg. Davor etwa können dann die seltenen Kleeblätter schützen. Im Mittelalter trugen Reisende eines davon eingenäht bei sich, es sollte sie vor Unglück bewahren. Wussten Sie übrigens, dass es mehr als vier Finger auf einem Kleestängel geben kann? Angeblich wurde sogar einer mit 18 (!) davon mal gefunden. Dass die 18 eher nicht zu den Glücksbringern zählt, erläutere ich im Kapitel über die Neun. Klee bringt aber auch mit normalem Wuchs Glück, nämlich denen, auf deren Feldern er wächst. In Symbiose mit Knöllchenbakterien sorgt er dafür, dass Stickstoff aus der Luft gebunden und verwertbar wird. Damit erhöht er die Fruchtbarkeit der Böden, auf denen er wächst.

Zwei Zahlen – ein Paar

Mit der Vier sind wir auch bei der ersten der möglichen Partnerschaftszahlen angelangt. Denn die erste Lebenszahl, die mit einer anderen addiert werden kann und somit über das gemeinsame Lernthema einer Partnerschaft Auskunft geben kann, ist die Zwei. Und 2 + 2 ist bekanntermaßen Vier. Zur Deutung wird nicht nur das bereits Beschriebene herangezogen, sondern zusätzliche Eigenschaften, die explizit für diese Kombination gelten. Wobei damit nicht nur über eine Lebensgemeinschaft Aussagen getroffen werden können, sondern über jedes emotional tieferwirkende Miteinander. Also etwa über die Beziehung zwischen Elternteil und Kind, zwischen Geschwistern, aber selbstverständlich auch Arbeitskolleg*innen. Für diese Zwecke können mehrere Lebenszahlen addiert werden, das heißt, auch die Qualität einer Gruppe kann betrachtet werden, was unter anderem für Schulklassen besonders interessant sein kann. Es bleiben aber die Zahlen 4–20 als Deutungsvorlage, das heißt, jede durch die Addition der Lebenszahlen von Gruppenmitgliedern errechnete Summe wird auf diese mittels Quersumme reduziert. Sollte sich dadurch eine Zahl niedriger als vier ergeben, werden die Deutungen der 10, 12 bzw. 20 herangezogen.

Die Vier als Partnerschaftszahl kommt eher selten vor, denn es braucht eben zwei Menschen mit einer Zwei als Lebenszahl. Je höher die Partnerschaftszahl, desto mehr Kombinationsmöglichkeiten gibt es, dementsprechend häufiger kommt sie vor. Die Vier ist aber, besonders in Lebenspartnerschaften, deshalb eher selten, weil mit dieser Energie emotionale Nähe zur Ausnahme zählt. Viererpaare können viel voneinander lernen, doch häufig leidvoll, auch das ist nicht wirklich dazu angetan, eine längerfristige Bindung zu unterstützen. Wer sich aber darauf einlassen will – oder muss, weil das Kind dieselbe Lebenszahl hat –, dem sei gesagt: Ein lockerer, humorvoller Umgang erleichtert das voneinander Lernen ungemein, auch sollten Sie auf die der Zwei zugeeignete Intuition bauen. Vertrauen Sie dieser mehr als der durch die Vier wirkenden Ratio. Mit einem Wort: Werden Sie unvernünftig, vertrauen Sie sich dem Fluss der Energien an, dann kann eine solche Partnerschaft viel Freude bereiten. Und als Elternteil vergessen Sie bitte nicht, vor allem wir Erwachsene sind es, die von unseren Kindern lernen, nicht umgekehrt! Kaum jemand bringt uns so sehr an unsere Grenzen, durchschaut uns so genau, spiegelt unser Verhalten so direkt wie ein Kind. Auf dieser Basis kann

Familie gut gelingen, womit auch die Chancen der Drei sich entfalten können.

Die Zweiundzwanzig und wie der Narr zum Meister wird

Jede Grundzahl hat ihre Entsprechung unter den zweistelligen Zahlen, so auch die Vier. Deshalb beschreibe ich an dieser Stelle auch die der Zweiundzwanzig zugeschriebenen Qualitäten. In der Zahlenkabbala wird ihr der Narr des Tarots zugeordnet, dem in diesem System die Zahl 0 zugeschrieben wird. Die 0 hat eine Sonderstellung, sie kommt in der Kabbala der Zahlen, so wie auch in anderen numerologischen Systemen, nicht gesondert vor, einen Menschen mit der Lebenszahl 0 gibt es nicht. Doch in der Kombination mit anderen einstelligen Zahlen ergeben sich selbstverständlich die Zehnerzahlen. Die Einschränkung der von ihr umschlossenen unendlichen Möglichkeiten wird aus der jeweiligen Kombination abgelesen. Ein wenig ihrer *Alles-oder-nichts*-Bedeutung findet sich auch in der Zweiundzwanzig wieder. Dem Narren wird nachgesagt, dass er nichts lernen kann, solange er nicht will. Aber er bringt bereits großes Wissen mit sich, dargestellt durch das Bündel, das er hinter sich auf dem Wanderstab bei sich trägt. Er bewegt sich unbeschwert auf den Abgrund zu oder am Abgrund entlang. Diese Gratwanderung gilt auch für Menschen, die eine Zweiundzwanzig in ihrem Zahlenbild haben. Neben der Zahl des Geburtstages kann diese ebenso durch die Quersumme des Geburtsjahres gegeben sein. Diese dem Körper und dem Bezug zur Materie zugeordnete Position habe ich bisher nicht erwähnt, da hier auch Zahlen vorkommen können, die höher sind als 22. Doch für die Sonderstellung der Zweiundzwanzig mache ich eine Ausnahme. Denn sie ist eine sogenannte Meisterzahl. Außer ihr zählen dazu noch Elf und Dreiunddreißig. Erstere wird im entsprechenden Kapitel näher beschrieben, die 33 erwähne ich nur am Rande, im Kapitel zur Sechs. *Meisterzahl* bedeutet leider nicht, dass hier ein solcher oder eine solche geboren wurde, sondern dass die Meisterschaft im jeweiligen Themenbereich erreicht werden soll. Wer sich dem widersetzt, der kann schon mal »gerüttelt« werden. Das bedeutet, dass diese Zahl nicht ganz so sanft mit denen umgeht, die das Brett vor dem eigenen Kopf nicht sehen wollen. Zweiundzwanziger können sehr schulmeisterlich sein, aber selbst nicht lernen wollen. Konkret wirkt sich das etwa so aus, dass sie in der Schule nur lernen, was sie wirklich interessiert, wovon sie nachvollziehen können, wozu es gut ist. Und/oder wenn ihnen die Lehrkraft sympathisch ist. Deshalb war Mathematik für mich ein Qualfach. Wozu ich Gleichungen lösen oder Logarithmen nutzen sollte, war mir absolut nicht einsichtig. Glücklicherweise schaffte eine begeisterte Mathematikerin irgendwann, mir eine Ahnung von der Schönheit ihres geliebten Faches zu vermitteln, das reichte, damit ich zumindest die Matura – unser österreichisches Wort für Abitur – schaffen konnte. Selbst dabei half mir mein Bedürfnis nach Sinnhaftigkeit. Im Gegensatz zu vielen meiner Kolleginnen und Kollegen, die ansonsten viel bessere Noten erreichten als ich, schaffte ich sowohl die Mathe-Aufgaben als auch die Lateinübersetzung eines Vergil-Textes. Ich hatte zwar keine Ahnung von Grammatik oder Vokabeln, aber war imstande, den Text der Übersetzung so zu formulieren, dass der Inhalt Sinn ergab. Das verhalf mir zu einer sehr guten Note, zum Erstaunen meines Lehrers. Sie sehen also, auch die Zweiundzwanzig hat ihre unterstützende Wirkung, doch braucht es dafür zumindest ein Minimum an Einsatzbereitschaft. Da mein Ziel ein Studium war, hielt ich die Schuljahre durch, allerdings sollten sie in der kürzest möglichen Zeit vorübergehen. Mein Sohn, ebenfalls mit einer Zweiundzwanzig im Körper »gesegnet«, brauchte etwas länger, dann aber erwachte auch er und brachte den nötigen Minimaleinsatz auf, um die Schulzeit erfolgreich hinter sich zu bringen.

Ebenso wie die Vier zeichnet die Zweiundzwanzig standhafter Starrsinn aus. Argumente müssen schon sehr überzeugend sein, um angenommen zu werden. Auch deshalb, weil der Narr, wie erwähnt, bereits alles Wissen bei sich trägt. Er meint deshalb, nichts mehr lernen zu müssen. Was er aber braucht, ist, diesen Schatz zu erkennen und zu nutzen, ebenso, ihn sinnvoll zu ergänzen. Wie allen Vierern tut es ihm gut, wenn er einsichtig wird und sich auch mal was sagen lässt. *Zuhören statt selber reden* könnte die Kurzformel sein, die den Auftrag zur Transformation erfüllbar macht. Erkennt der Narr seine Blockade, ist die angesprochene Meisterschaft möglich, er – und natürlich auch sie, die Närrin, werden *geistige Lehrer*. Womit wir wieder bei der Gratwanderung wären, zwischen Oberlehrerhaftigkeit, Guru-Allüren und Wahrhaftigkeit in der Weitergabe spirituellen Wissens.

Das gehört für mich zu den faszinierenden und sehr hilfreichen Eigenschaften des Wissens um die Energie der Zahlen: Man kommt sich selbst auf die Schliche, erkennt – zumindest öfter als üblich –, wenn man in die unsympathische Variante abgleitet und wird achtsamer für andere Male. Nicht immer gelingt es, doch es fällt einem öfter auf. Und dann kann man sich zumindest entschuldigen.

Der in meinem Märchen erzählte Kampf der Böcke dürfte auch einen hessischen Unternehmer inspiriert haben. Denn ihr Starrsinn kann deshalb so lange durchgehalten werden, weil ihre Hörner eine besondere Festigkeit aufweisen. Diese wurde bionisches Vorbild für die Entwicklung besonders druckresistenter, gleichzeitig elastischer Abwasserrohre. Sie sehen, Starrsinn hat seine vorteilhaften Seiten.

Auch rigide Strenge wird im Falle der Weigerung, elastisch zu bleiben – wie die Widderhörner –, den Merkmalen der Vier zugeordnet. Nach all diesen ernsthaften, erst in Bewegung zu bringenden Eigenschaften ist es Zeit für die Energie der Lebendigkeit, die mit der Fünf einhergeht. Lesen Sie nun, wie es dem Reiter gelingt, auch den fünften Fluss und seine Aufgabe zu meistern.

WIE ALLES AUS DEM RUDER GERIET UND DENNOCH ZUR MITTE FÜHRTE

Nun waren Ross und Reiter schon eine geraume Zeit unterwegs und der Mann erinnerte sich der Märchen, die ihm seine Muhme erzählt hatte, als er noch mit Holzpferdchen spielte. Er konnte sich keines Helden entsinnen, der mehr als drei Rätsel zu lösen gehabt und immer wieder aufs Neue ein gefährdetes Wesen zu retten hatte. Auch wurden die Erfolgreichen meist mit einer Prinzessin als Braut belohnt. Er aber war nur der Ehre wegen ausgezogen, für ein kinderloses Paar, das vielleicht gar nicht die Herrschaft über seine Heimat übernehmen hätte können, wären da nicht die Erdigen gewesen, die Freude und Glück aus der Menschen Herzen saugten, solange ihnen die vierte der Weisen Schwestern nicht Einhalt gebot. Die aber war nun befreit, und vielleicht würde das Paar, dem er die Weissagung der Weisen Frauen zu überbringen versprochen hatte, gar keine Macht mehr ausüben können über sein Volk – das nun wieder voll Freude und Glück sein konnte und keinen Anlass hatte, eine Übermacht zu seinem vermeintlichem Schutz zu dulden.

Auch hatte er bereits vier Heldentaten vollbracht, mehr als andere, von denen in den alten Geschichten erzählt wurde, Ruhm wäre ihm daher so oder so gewiss gewe-

73

sen. Doch er hatte es versprochen, wie würde er denn dastehen, wenn er auf halbem Wege aufgäbe? Hätte er den Mund besser nicht so voll genommen! Schließlich erinnerte er sich eines Helden aus dem fernen Lande der Griechen, Herakles genannt. Von ihm wurde berichtet, er habe zwölf Jahre lang einem König gedient und zwölf Heldenaufgaben bewältigt. Zwar hatte er zuvor ein schweres Unrecht begangen und musste dies zur Sühne durchhalten, dafür war er aber mit unsterblichem Ruhm und letztendlich, in den Olymp aufgenommen, mit einer Göttin als Ehegespons bedankt worden. Das waren mühevolle, aber durchaus verlockende Aussichten. Jedenfalls konnte er mit außergewöhnlicher Nachrede rechnen. Besonders aber überzeugte ihn der Gedanke daran, dass diese Heldenreise viel unterhaltsamer war als das Dienen im Gefolge des königlichen Paares. Er war noch jung und wollte so viel als möglich erleben, die Extreme ausloten, Talente entdecken, seine Sinne schärfen. So vieles ging ihm durch den Kopf, dass er seinem Reittier den Weg überließ. So erreichte er ganz leicht, ohne es zu merken, den fünften Fluss. Eine Fülle von Farben umgab ihn da, die prächtigsten Blumen drängten sich um die Wette aus einer üppig grünen Wiese, und allerlei Getier bevölkerte diesen Anblick der Lebendigkeit. Ein besonders prächtiger Schmetterling setzte sich auf die Mähne des behuften Artgenossen, als wolle er ihn begrüßen und ihn einführen in die Besonderheiten dieser paradiesähnlichen Umgebung.

Das Herz des Abenteurers wurde weit, tief atmete er die ihn umgebende Fröhlichkeit, das pulsierende Leben ein. Erneut dachte er an das bisher Erlebte. An das Verschmelzen mit allem Sichtbaren und Unsichtbaren am Ufer des ersten Flusses, das Gefühl der Willenskraft, geboren aus dieser Verbundenheit, aus der heraus ein Gedanke Wirklichkeit werden konnte. Aus dieser Einheit war er in die Welt der Teilung gewechselt, in der sich die Vielgestalt der Gefühle ausbreitete, und er schließlich seiner inneren Führung zu vertrauen gelernt hatte. Die Wohltat der dritten Landschaft und die goldenen Äpfel, die dem Vogel zum Singen verholfen hatten, waren ihm wie Seelenbalsam in Erinnerung geblieben. Wie darauf gebettet konnte ihn sein Mut durch die Strenge und Kargheit sowie die Untiefen der bislang letzten, vierten Aufgabe tragen. Eine bunte Palette der Möglichkeiten von Wirklichkeit, auch über Zeitgrenzen hinweg, spiegelte sich nun in Üppigkeit vor seinen Augen wider. Es schien, als könne hier alles heil werden, was je verletzt gewesen war. Das Dasein erfüllte sich mit Sinn, wie Mosaiksteine fügten sich alle Einzelteile zu einem Bild, in dem alle Farben sich zur Symphonie vereinigten. Stundenlang hätte er so bleiben können, die Zeit schien stillzustehen und mehr und mehr kam er in sich selber an, wurde ganz ich und gleichzeitig Teil des Ganzen und dieses Teil von ihm.

Da weckte ihn ein Toben und Brausen aus seiner Schwelgerei – das Wasser des Flusses hatte sich aufgetürmt, war im Begriff, über die Ufer zu schwappen und all die Pracht zu ertränken, der Himmel hatte sich verdüstert, finstere Wolken brauten sich zusammen und brüllten Donnerbeben auf die Erde, bis schließlich ein Blitz dem anderen folgte und die Wolken aufriss, die ihre Fluten auf die Erde herunterprasseln ließen. In wenigen Augenblicken war er durch und durch durchnässt, sein Pferd stand stoisch in den anschwellenden Fluten. Zwischen den Wasservorhängen versuchte der Erwartungsvolle, die fünfte der Weisen Frauen zu entdecken – ob sie wohl bereits wusste, dass ihre Schwester endlich wieder in den Familienverbund zurückkehren konnte? Wessen Zorn drückte sich über dieses Wettergeschehen aus?

Die dunkelgrauen Wolken ballten sich zusammen und schienen sich mit den reißenden Wassermassen zu einem einzigen Monsterwesen aufzutürmen. Dann verdichtete sich dieses Gebilde zusehends, bis schließlich eine Frauengestalt sich herausschälte. Und mit einem Schlag war all die Himmelswut verschwunden, ein Regenbogen wölbte sich über die eben noch überflutete Uferlandschaft und die fünfte der Weisen Frauen lächelte ihn farbenfreudig an.

»Du hast meine Schwester befreit, ich habe es eben erst erfahren, das besänftigte meine Wut. Lass dich anschauen, du hast ja schon einige Aufgaben auf deiner Reise bewältigt, mal sehen, ob du die fünfte auch so gut meisterst. Ich hab' es ja nicht so mit den Regeln, aber sie ist meine Schwester, ich will sie nicht gefangen wissen, doch wir waren alle machtlos gegen die unterirdischen Diebe. Bei mir geht es ums Lebendigsein, nicht fremde Regeln werden befolgt, vielmehr lernt von mir jeder, der eigenen inneren Stimme zu folgen und entsprechend zu handeln. Deshalb mein Rätsel: Was ist so groß, dass es die ganze Welt einschließen kann und dennoch so klein, dass es in eine Hand passt?«

Der junge Abenteurer war einigermaßen verwirrt. Zuerst dieser rasante Wechsel der Wetterphänomene, nun eine etwas wirre Rede der als weise bekannten Frau, und obendrein ein Rätsel! Er hatte kaum Zeit zum Luftholen gehabt, schon hatte sich eine Menge an Inhalt vor ihm aufgetürmt. »Alles der Reihe nach, Weise Frau. Dein Rätsel beantworte ich gerne hinterher, aber zuerst habe ich Fragen an dich. Warum warst du so wütend, dass sich der Himmel mit dir gemeinsam ärgerte und wie ist das mit den Regeln? Brauchen wir diese nicht, damit das Zusammenleben in aller Ordnung und möglichst friedvoll gelingt?«, wollte er wissen. Seine bisherigen Erfolge hatten ihn mutiger und selbstbewusster werden lassen, er wollte verstehen, wie alles zusammenhing, nicht einfach drauflosreiten, um eine Aufgabe zu erledigen, nur um zum nächsten Fluss gelangen zu können.

Die fünfte Schwester musterte ihn, ein wenig aus der Fassung gebracht aber auch beeindruckt, von oben bis unten. Sie war eine Aufbrausende, bisher hatten die anderen das hingenommen. Auch liebte sie es, auszuloten, wie weit das Leben reichte, was darin alles möglich war. Mitunter vergaß sie dann schon alle Pflichten und kostete aus, feierte auch bis zum Umfallen. Dann wiederum war sie die Pflichtbewusstheit in Person, erledigte akribisch einen Auftrag nach dem anderen. Begegnete sie aber einem Kind, so ließ sie sich gern ablenken und spielte hingebungsvoll mit diesem, ihre kindliche Natur wollte das so. Inzwischen hatte sie schon wieder vergessen, warum sie so gezürnt hatte: »Ich weiß es nicht mehr so genau, ich denke, ich war noch nachträglich wütend über die Erdigen, die sich erdreistet hatten, meine Schwester zu entführen – wie gesagt, allzu sehr mögen wir einander nicht, aber sie gehört zur Familie – und so lange gefangen zu halten. Sie ist ja keine Aufbegehrerin wie ich, sie leidet still vor sich hin und wird beständig schwächer. Und dass es zuvor niemandem aus unseren Reihen gelungen war, sie zu befreien, hat mich zusätzlich verärgert, darüber stritt ich dann auch noch mit der Nummer dreizehn, die ist auch so eine strenge und kritische, ein Wort ergab das andere und schon hatten wir den ärgsten Streit. Die Wolken ballten sich zusammen, sie färbte sie schwarz, na und den Rest hast du ja erlebt. Aber so ist das mit denen, die schnell in Wallung geraten, wenn der Zorn mal entladen ist, kann auch gleich wieder die Sonne scheinen.« Das gefiel dem Reitersmann, auch er war gelegentlich zornig, doch nur im Kampf war das erwünscht, im Alltag aber sollte man immer zurückhaltend und besonnen sein. Den letzten Satz der Weisen Frau wollte er sich daher gut merken. Regeln waren also nützlich, aber sie zu hinterfragen und es auch mal anders zu erproben konnte ebenfalls sinnvoll sein.

Blieb also das fünfte Rätsel – diesmal war es wenigstens wirklich eines und nicht bloß eine als Rätsel getarnte Aufgabe.

Er erbat sich ein wenig Nachdenkzeit, dazu stieg er vom Pferd und setzte sich an eine ruhige Stelle am Ufer und blickte den Wellen und Stromschnellen nach, die beständig weiterzogen, eine der anderen folgend. Es schien ihm, als zögen sie durch seine Gedanken und nähmen so manchen trübsinnigen mit sich fort. Immer freier und klarer wurde seine Wahrnehmung, und immer mehr nahm er sich mit all seinen Körperteilen wahr, wobei das Gefühl des Reinwerdens sich in jede Zelle einnistete. Er fühlte diese Ausdehnung und dass die ganze Welt hineinpasste. Und dann wusste er die Antwort, kehrte zurück zur Weisen Frau und sprach: »Dein Rätsel ist einfach, wenn das Sein in seiner Gesamtheit sich ausgebreitet und das innerste Wesen erfasst hat. Es ist das Herz, das mit seinem Fühlen sich ausdehnen kann um den ganzen Erdball. Doch ist es klein genug, dass eine Hand es umfassen kann.« – »Wohlgesprochen«, war der kurze, aber zufriedene Kommentar der Fünften. Du hast die Quintessenz erfasst und damit die Weisheit der Fünf verstanden. Ziehe weiter, um die übrigen Flüsse zu überschreiten, ich erwarte dich in unserer Heimstatt, wenn du alle Rätsel zu lösen imstande warst.«

Da spürte er dieses wunderbare Organ, das so klein und doch so mächtig war, heftig schlagen, eine weitere Prüfung war gelungen, eine neue Erfahrung gemacht, ein wenig mehr Erkenntnis gewonnen. Und er fühlte sich ein weiteres Stück mehr Ich und gleichzeitig Teil von allem.

Sein Pferd wartete bereits auf ihn – kaum saß er wieder im Sattel, stieg es auf, wieherte voll Tatendrang und sprang mit einem einzigen großen Satz über das mittlerweile wieder ganz sanft dahinfließende Gewässer hinweg.

Von der Grenzenlosigkeit der Fünf und ihren eigenen Gesetzen

Eben erst ging es um Ordnung und Regeln, da wechseln wir zur Fünf, die genau das Gegenteil einmahnt. Typologien bedienen sich gerne des Vierfeldermodells, darin finden sich unter anderem die Traditionsgebundenen, die auf Gewohntes, Regeln und Normen bauen. Sie entsprechen dem Vierertypus. Doch in jüngster Zeit werden die Regelbrecher immer mehr geschätzt, denn sie fördern Veränderung, sind Vorreiter, oft nicht verstanden, doch ohne sie wäre das Rad vermutlich nie erfunden worden. Sie gehen Risiken ein, scheitern häufig, doch wenn es gelingt, ist es innovativ, das Schlagwort der letzten Jahre, in das viel Hoffnung gelegt wird für die Zukunft des Planeten. Früher glaubte man an Fortschritt, heute an Innovation. Auch in den Märchen früherer Jahrhunderte ist der Ungehorsam, das Verstoßen gegen Verbote ein treibender Faktor. Blaubart hätte sein Unwesen weitergetrieben, hätte sich seine letzte Frau nicht widersetzt, auch wenn sie dazu die Hilfe ihrer Familienmitglieder in Anspruch nehmen musste. Im ersten von *Wilhelm Wolff* gesammelten *Verschollenen Märchen, Der Fischerssohn, der Rappe und der Schimmel,* ignoriert der jüngste von fünf Söhnen eines Fischers letztendlich alle Gebote eines grauen Männleins, das für den Reichtum seiner Familie gesorgt hat. Er wird verstoßen, aber das Wissen, das er dem verbotenen Buch entnommen hat, ermöglicht ihm, den Vogel Greif zu besiegen und die verzauberte Prinzessin sowie ihren Vater zu erlösen. Wie viele Helden heiratet auch er die Entzauberte und wird Prinz. In diesem Märchen ist vielerlei Zahlensymbolik enthalten. Die der Eins – das Männchen, das über alle herrschen will –, der Zwei – die beiden traurigen Adeligen, die nur des Nachts aus der Pferde- in ihre Menschengestalt wechseln können und die letztlich vom Regelbrecher gerettet werden, die Drei, denn er raubt dem Greif drei Federn, die ihm die Fähigkeit zu fliegen verleihen. Die Vier ist durch die Brüder vertreten, die ein »ordentliches« Leben als Kaufleute führen und die Fünf, denn er ist der fünfte der Söhne und damit derjenige, der die Regeln bricht.

Die Methodik der systemischen Aufstellung kennt das Tetralemma, entwickelt von Insa Sparrer und Matthias Varga v. Kibed. Damit werden Konflikte aufgestellt, vertreten durch das *Eine* und das *Andere* sowie *Beides* und *Keines von beiden*. Sie werden einander im Viereck gegenübergestellt. Und dann gibt es noch das fünfte, das kreative Element, auch *all dies nicht und selbst das nicht* genannt. Anders als sonst bei Aufstellungen üblich, darf es (respektive sein Repräsentant) sich frei bewegen, ja sogar den Raum verlassen, wenn die Energie es verlangt.

Diese Energie des Ganz-Andersseins, des Ausbrechens, Regeln-in-Fragestellens bringt Bewegung ins Leben. Und genau dafür steht die Fünf, für Leben, Lebendigkeit. Deshalb das Kindhafte, das sich allerdings auch als kindisch darstellen kann. Damit sind wir bei der Aufgabe der Fünfergeprägten. Sie stellen Regeln in Frage, stellen ihre eigenen auf und folgen ihrem Gewissen. Das bedeutet gleichzeitig erwachsen werden, ohne aber die Lebendigkeit und Spielfreude des Kindes zu verlieren. Immer wieder wird der Sinn gesucht, wenn er aber definiert ist und ein Gefühl für das – aus individueller Sicht – richtige Handeln vorhanden ist, muss die Fünf auch tun. Handelt sie gegen den eigenen Handlungsimpuls, greift, wie so oft, das Schicksal ein. Doch bei der Fünf gleich im doppelten Ausmaß, es heißt »*doppelt verlieren oder doppelt gewinnen*«. Eine Kollegin mit der Lebenszahl fünf hatte tatsächlich drei Häuser und Garten zu pflegen. Diese Strenge des Schicksals ist durch die höheren Zahlen, die in der Quersumme die 5 ergeben, immer vertreten, doch kann auch Hilfe erwartet werden, etwa durch die 23, die »*Hilfe in letzter Minute*« bringen kann.

Ähnlich wie im auf den vorhergehenden Seiten erzählten Märchen bietet die Fünf ein umfangreiches Interpretationsspektrum, das ich an dieser Stelle nur mit den wesentlichen Stichworten umreißen kann. Denn die Fünf liebt die Extreme, sie kann ausschweifend ebenso wie extrem pflichtbewusst sein, und ich rate meinen Klientinnen (leider finden nur selten Männer zu mir) immer, beide Randzonen auszuprobieren. Denn es verhält sich wie mit dem Foucaultschen Pendel, irgendwann pendelt es sich in der Mitte ein. Und das ist das Ziel der Fünf, die Mitte zu finden, das Zentrum, die innere Ruhe. Auf dem Weg dorthin gibt es Emotionen, Sinnesfreuden, Hingabe, Pflichten, Dominanz, Schicksalsstrenge und immer wieder die Suche nach dem Sinn, dem Wesentlichen, der *Quintessenz.* Danach suchten die Alchemisten, nach dem geistigen Gold, nicht dem materiellen, glänzenden, materiellen Reichtum verheißenden. Deshalb ist das Stichwort der Fünf auch *religio* – nicht zu verwechseln mit dem verwandten Wort Religion –, die Rückverbindung. Die Suche nach dem Ursprung, nach der Ganzheit, das beschäftigt Menschen mit der Lebenszahl 5. Deshalb betreiben sie auch gerne Philosophie, sie können Denken und Fühlen miteinander verbinden.

Weil verordnete Regeln der Fünf nicht entsprechen, meiden die Fünfertypen nach Möglichkeit Behörden und Amtspersonen, Autoritäten aller Art. Die Fünf steht dem Helden gut, denn zur Fünf gehört der Mut, leider auch der Übermut. Die Grenzenlosigkeit führt in der negativen Konsequenz zu einem Übermaß, das bis zur Sucht führen kann. Menschen mit einer Fünf im Zahlenbild brauchen Abwechslung. Berufe mit wechselnden Aufgabengebieten und -orten und dem Umgang mit Menschen sind genau das Richtige für sie. Besonders in der Kombination mit 9 sind sie sehr reisefreudig. Jedenfalls soll die Fünf »mit Lust und Liebe ihre Talente leben« – um diese zu entdecken, braucht es die ihr eigene Leidenschaft und Spielfreude, die wollen ausprobiert werden.

Die wiederholte Klasse – Die Macht der Vierzehn

Wenn die Fünf aus der Vierzehn entsteht, ist ihre Lebensfreude ein wenig schaumgebremst. Denn dann steht sie für ein Lernthema, das in einem Vorleben nicht bewältigt wurde, vergleichbar einer Schulstufe, die wegen nicht bewältigter Fächer wiederholt werden muss. Dabei handelt es sich um Macht und missverstandene Liebe. Denn die 14 symbolisiert ursprünglich selbstgewählte Regeln, die zur allgemeinen Gültigkeit erhoben werden. Was das Ich für richtig hält, wird zum Gesetz erklärt, an das sich die anderen möglichst halten sollen. Das wird mit Nachdruck eingemahnt, zur einzig wahren Form der Liebe erklärt, Konflikte sind vorprogrammiert, und weil die Vierzehn machtgewohnt ist, auch längerfristig durchgehalten. Dementsprechend ist sie diszipliniert, hält sich an die eigenen Regeln, die geringe Flexibilität der Vier hebt in dieser Kombination von eins und vier die spielerische Vielfalt der Fünf, ihr Erproben von Möglichkeiten, auf. Im Tarot wird sie durch die *Mäßigkeit* dargestellt, das Wort allein sagt schon alles. Doch ist auch hier die Quintessenz das Ziel – wenn die Vierzehn Beweglichkeit entwickelt, ist sie erfinderisch und somit ebenfalls innovativ. Das Ziel der Vierzehnerenergie ist freilich die Vereinigung von Egoambitionen (1) und geordneter Strenge (4) zur Fünf. Diese birgt in sich die Begabung zu heilen, durch die Suche nach dem Ursprung einer Erkrankung. Die allumfassende Liebe trägt zur Lösung des dahinterliegenden Konfliktes bei, Heilung kann gelingen, nicht nur des Körpers.

Zwei Kinder, die nicht erwachsen werden wollen oder zwei Seelen, deren Liebe mächtig ist – Partnerschaft der Fünf und der Vierzehn

Auch die Fünf entsteht nur aus einer möglichen Konstellation, nämlich der Kombination der Lebenszahlen zwei und drei. Einer Fünfer-Ehe wird Rosenkrieg nachgesagt, es sei denn, beide können sich auf die Regeln des jeweils anderen einigen. Wahrscheinlicher ist, dass die freiheitsliebende Drei in der Zwei eine anpassungsfähige Partnerin (oder umgekehrt) findet, die das Spiel so lange mitspielt, bis sie es satthat. Ich kenne ein Paar, die haben es unkonventionell aber effektiv gelöst. Sie sehen einander nur am Wochenende und für gelegentliche Urlaube. Außerdem necken sie einander, das hört sich aber für Außenstehende wie ständiges aneinander Herumnörgeln an. Die beiden allerdings amüsieren sich dabei. Beide interessieren sich für sehr unterschiedliche Themenbereiche, haben aber auch einige gemeinsame Nenner gefunden. Sie respektieren einander in ihrer Andersartigkeit, allerdings war der Beginn lange Zeit von Anhimmeln ihrerseits (die Zwei) und größter Toleranz bestimmt, dazwischen gab es eine Periode der Trennung, später hat sie sich abgefunden, dass er nur in wenigen Punkten ihrer Vorstellung vom Traummann entspricht, er wiederum meldet sich meist nur, wenn ihm danach ist. Die Liebe zueinander ist das Band, das dieses ungebundene »zu Zweit« bestehen lässt.

Vierzehner-Partnerschaften können sich aus wesentlich mehr Kombinationen ergeben, etwa 2 + 12 ebenso wie 7 + 7 und alles dazwischen. Immer aber sind es Seelen, die einander lieben, aus der Annahme, das Seelen reinkarnieren, stammt die Formulierung »konnte nicht zu Ende gelebt werden«. Das heißt, diese beiden Menschen kennen einander, gleich beim ersten Treffen entsteht Vertrautheit, beide »dürfen« sich einlassen darauf, gemeinsam die Liebe zu lernen. Das führt zu vielen Trennungen ebenso wie zu geglückten langjährigen Partnerschaften. Je nach Bereitschaft der beiden, das Ego zu überwinden (1) und aufeinander zuzugehen (4), immer und immer wieder aufs Neue.

Für beide Varianten der beste Tipp: Gemeinsam durch das Leben tanzen. Oder, gemäß einem häufigen Zitat des Künstlers Luciano De Crescenzo: *»Wir sind alle Engel mit nur einem Flügel. Um fliegen zu können, müssen wir einander umarmen.«*

DER TROCKENE
WEG ZUM MEER

Nach der Begegnung mit der fünften Schwester
spürte der Reisende so viel Lebendigkeit in sich,
so viel Kraft und Tatendrang, im Galopp erreichten sie den sechsten Fluss. Doch hätte ihn wohl
niemand so genannt. Vielmehr schlängelte sich ein Rinnsal
durch ein steiniges Flussbett, in dem schon mal viel mehr
Wasser dahingeronnen sein musste. Doch das schien lange
her, allerlei Trockenheit liebende Pflänzchen hatten sich, von
mitreißenden Fluten ungestört, in den Ritzen zwischen den
Steinen emporgewunden. Die Erde der Umgebung war tro-
cken, die letzten Hufschläge hatten viel Staub aufgewirbelt,
der sich nun langsam hinter ihnen wieder herabsenkte.

Ein wenig oberhalb von ihrem Standort hockte ein
Weiblein, Steinchen um Steinchen übereinander türmend
mühte sie sich, einen Damm zu errichten, doch viel Wasser
war nicht aufzuhalten. Abermals stieg er ab und ging auf
die Alte zu. Vertieft in ihre Bemühungen schien sie ihn erst
wahrzunehmen, als seine Stiefel ihrer nach weiteren Steinen
suchenden Hand den Weg versperrten. Langsam hob sie den
Kopf, den Reiter abschätzig musternd. Er aber grüßte, wie
es sich geziemte:»Gott zum Gruß, Mütterchen, ich suche
die sechste der dreizehn Schwestern und ihren Fluss, könnt
Ihr mir Auskunft geben, wo ich sie finden kann?« Die Alte,
die sich bereits wieder ihrer Arbeit zugewandt hatte, drehte erneut ihren Kopf. Als würde sie überlegen, ob sich eine

Antwort lohne, ließ sie eine ganze Weile verstreichen, bevor sie sich dazu durchrang:»Sie sitzt vor dir, passe ich nicht in dein Bild der Dreizehn? Meine Schwestern wirkten wohl anders auf dich, jede wählt die ihr angemessen erscheinende Gestalt. Denkst du, nur weil ich alt und runzelig bin, sei ich nicht richtig? Gemeinhin hält man ja nur alte Menschen für weise, ich müsste doch deinen Erwartungen viel besser entsprechen. Aber wisse, auch diese allgemeine Meinung ist Unsinn, Menschen sind dumm oder weise, gleichgültig welchen Alters. Und manche, die für dumm gehalten werden, sind viel weiser als viele scheinbar Kluge. Aber was ist eigentlich der Grund deiner Frage, was suchst du bei mir?« Der Reiter schämte sich ein wenig – die bisherigen Weisen Frauen schienen so alterslos, keine war so gebrechlich gewesen wie die nun vor ihm hockende.»Verzeiht, ich habe nicht nachgedacht über Euer Alter, hatte nur das Bild Eurer Schwestern im Kopf, weshalb ich Euch nicht gleich erkannte. Ich bin auf der Reise zu Eurem Schloss, um zu erfahren, wie das kinderlose Königspaar, das unser Land regiert, seit die Zeiten enger wurden, zu Nachkommen kommen könnte. Ich erfuhr, dass ich dazu die dreizehn Flüsse überqueren müsse, davor aber immer ein Rätsel zu lösen hätte. Nun war ich bereits bei fünfen erfolgreich, habe auch Eure Schwester, die vierte, aus der Gefangenschaft der Erdlinge befreit, habe bei der vorigen, der fünften, sehr viel über Lebendigkeit und die Öffnung des Herzens gelernt und harre der Frage, die Ihr mir stellen wollt.« – »Und warum machst du diese Reise, weiß ich doch, dass niemand das Königspaar eingeladen hat, um zu regieren, warum also setzt du dich ein für die beiden?« – »Nun ja, zunächst war es nur die Abenteuerlust, auch witterte ich die Gelegenheit, als Held geehrt zu werden. Doch bald erkannte ich, dass ich mich vor allem auf eine Entdeckungsreise zu mir selbst gemacht habe – wenn ich zurückkehre, werde ich ein anderer sein.« – »Gut erkannt«, sagte die weise Alte, bedächtig nickend,»aber als Held möchtest du nach wie vor zurückkehren, stimmt's?« Da blieb dem jungen Mann nichts weiter übrig, als ein wenig beschämt zu nicken. »Ach, das ist gar nichts Verwerfliches, besser als die vielen Duckmäuser, die ihre Talente brachliegen lassen, die Fünfte kann ein Lied davon singen! Nun, bei mir kannst du lernen, was nötig ist, um Lebensbedrohliches abzuwenden. Hier gilt Überleben als oberstes Gebot. Zufrieden zu sein mit dem Nötigsten, das ist die Lektion des sechsten Flusses. Kleine Wunder zu entdecken, die sonst übersehen werden, das wird deine Aufgabe sein.« Der so unbedarft seinerzeit losgepreschte Reiter stand erneut vor einer ihm bisher unentdeckt gebliebenen Türe in seine Innenwelt. Er war gewohnt, loszupreschen, um sein Ziel möglichst rasch zu erreichen. Da blieb wenig Muße, die Kleinigkeiten am Wegesrand zu bemerken, geschweige denn, sich mit ihnen zu beschäftigen. Das war etwas für die Alten, die am Platz bleiben mussten, weil ihre Beine sie nicht mehr weit trugen. Dass er sich bei den streitenden Hammeln aufgehalten hatte, war schon eine große Ausnahme gewesen, vermutlich weil sein Kampfgeist angesprochen worden war und er als angehender Ritter das Leid der Schwachen beachten musste, hatte er sie überhaupt wahrgenommen.

Ein wenig ratlos sah er die sechste der Weisen Frauen an, ahnungslos, welche Aufgabe nun von ihm zu bewältigen sein würde. Unter kleinen Wundern konnte er sich nichts vorstellen, er war gewohnt, Befehlen zu gehorchen und nur das dafür Nötige zu beachten. »Hast du schon einmal der Schönheit eines Krautes, einer winzigen Blüte, eines Käfers, der ein Blatt nach Genießbarkeit erkundet, deine Aufmerksamkeit gewidmet? Hast du den Gräsern zugesehen, wenn sie mit dem Wind tanzen? Kennst du das Spiel des fließenden Wassers mit den Steinen auf seinem Weg? Sieh, das Wenige, das hier noch durchrinnt, bahnt sich seinen Weg über alle Unebenheiten hinweg, beharrlich fließt es seinem Ziel entgegen, dem großen Sammelbecken, in dem alle Tropfen sich vereinigen zum Gewässer, das Meer genannt wird. In diesem aber lebt ein Wassergnom, er hat die Quelle dieses Flusses versperrt, nur aus wenigen Ritzen dringt es aus dem Berg heraus, in dem es seit Abermillionen Jahren sich gesammelt hat und nun, überquellend, aus Erde und Felsbrocken drängt, um erfrischendes Nass all den Pflanzen, die auf seinem Weg keimen wollen, anzubieten.« – »Aber warum hat der Gnom die Quelle versperrt?«, wunderte sich der Reiter, der, wie gewohnt, sein Interesse auf die Ursache des Problems richtete. »Genau das ist das Rätsel, das zu lösen deine Aufgabe sein wird. Und wie der Quell wieder reichlich fließen kann. Doch achte dabei auf die Kleinigkeiten am Wegesrand, sie werden dir Hinweise liefern und deinen Weg erleichtern.« Nun wusste er endlich, was zu tun war, er hatte ein neues Ziel, eine neue Aufgabe, er fühlte sich bedeutend wohler damit als mit ihrem Gerede über Nebensächlichkeiten ohne zugewiesenen Sinn und Zweck. Schönheit war für ihn das Ergebnis erfolgreichen Handelns, wenn sie nur um ihrer selbst willen da war, konnte er nicht viel mit ihr anfangen. Die Alte lächelte kopfschüttelnd, der angehende Held hatte noch viel zu lernen. Doch er war ihre Hoffnung, endlich wieder das Flussbett gefüllt zu sehen und damit das Tal voller Leben. Rasch hatte er sich verbeugt und war aufs Pferd gestiegen, um den Fluss entlangzureiten, lange noch blickte sie ihm nach, bis er mit dem Horizont verschmolzen war und schließlich ihren Blicken entzogen.

Der Reiter aber eilte dahin, schon hatte er den Hinweis, auf die Kleinigkeiten am Wegesrand zu achten, vergessen, sein Ziel war das Sammelbecken der Flüsse und der Gnom, der Quellen verschließen konnte. Die Dunkelheit brach herein und zwang Ross und Reiter zum Innehalten. Trockenes Holz gab es reichlich in der ausgedörrten Umgebung des Wasserlaufes, dem auch keine Zuflüsse zu mehr Inhalt verhalfen. Rasch brannte ein wärmendes Feuer, an dem er augenblicklich in tiefen Schlummer versunken war.

Im Traum nun begegnete ihm die Wasserfee, die Hüterin der Quelle, deren Gut so spärlich nach außen drang. Sie trug einen Kranz aus Kräutern und Gräsern, einige davon waren recht vertrocknet, auch sie mussten vorliebnehmen mit dem wenigen, das im Flussbett gedeihen konnte. Es waren die besonders widerstandsfähigen Gewächse, die mit wenig Wasser ihr Auskommen fanden und dafür Duft und Wirkkraft aus dem Licht der Sonne sogen und in ihren zu Nadeln verdichteten Blättern aufbewahrten. Eines dieser Kräuter hielt sie dem Reiter vor die Nase, sein Geruch erreichte seine ältesten Erinnerungen, ein Gefühl der Wärme und des Sattseins durchströmte ihn und die Sehnsucht nach dieser Zeit dehnte sich in ihm aus. Damit aber erwachte auch seine Bereitschaft, die Welt mit den neugierigen Augen des Kindes zu beobachten, alles war aufregend, entdeckungswürdig, bemerkenswert. Sie hatte kein Wort gesprochen, hinterließ nur das unscheinbare Kraut und verschwand. Als er mit den ersten Lichtminuten erwachte, erblickte er das Kraut dicht vor seinen Augen und all die Gefühle der Kindheit kehrten in sein Herz zurück, er nahm die Umgebung ganz neu wahr, jede Pflanze erschien ihm prachtvoll, die Vielfalt der Formen, die sich rundum ausbreitete zwischen Steinen und sandigen Flecken bezauberte ihn. Selbst ein paar Beeren wuchsen in dieser Kargheit, mit ihnen stillte er den frühen Hunger ein wenig, woraufhin sein Geist sich klärte und er die Stimmen der Kräuter und Gräser vernahm. Die erzählten ihm, dass der Wassergnom unendlich traurig sei, und den Fluss seiner Tränen im Fließen des Wassers widergespiegelt sah. Deshalb habe er die Quelle verschlossen. Doch glücklicher sei er dadurch nicht geworden, die Quelle blieb weiterhin beinahe versiegt. Der junge Mann wusste nun den nächsten Schritt, erneut ritt er in Windeseile den Flusslauf entlang. Endlich hatte er das Ende des Landes erreicht, vor ihm lag unendliche flüssige Weite, in allerlei Blautönen schillernd. Noch nie hatte er Vergleichbares gesehen, überwältigt verharrte er, bis die Sonne in den Fluten versank. Fast augenblicklich senkte sich Dunkelheit über das Bild vor seinen Augen und er erwachte aus der Starre seines Staunens. Wiederum beinahe zeitgleich braute sich ein Wirbel unweit seines Standortes zusammen, aus dem tauchte ein riesiger Kopf, bemoost und mit Algen umwachsen, auf. Ein langgezogener Klagelaut glitt die Wellen entlang und wurde dem Reiter vor die Stiefel gespült. Er spürte die tiefe Trauer, die in diesem Ton gefangen war, sie schnürte ihm das Herz zu und ließ seinen Atem stocken. Gleichzeitig verstand er, welch Kummer den Wassergnom so sehr drückte, dass er die Quelle beinahe zum Versiegen gebracht hatte. Es war die Einsamkeit von Jahrhunderten, nichts und niemand teilte mit ihm das Leben in der Tiefe des Ozeans, weder Freude noch Schmerz konnte er teilen mit einer Partnerin, und niemand war bisher da gewesen, ihn aus seinem Elend zu lösen. Nun verstand der Reiter den Schmerz des Wasserwesens, doch woher sollte eine passende Gefährtin kommen, wenn schon so lange Zeit keine hatte gefunden werden können? Etwas ratlos setzte er sich auf einen Uferstein, da tönten die Stimmen des Grases, das trotz der Kargheit der Sanddünen sich dem Himmel entgegenreckte: »Such sie geschwind, am Ufer des anderen Meeres, nur einen Brückenschlag entfernt.« Verwundert blickte er auf, der Mond hatte inzwischen ein fahles Licht auf die Landschaft geworfen und er entdeckte, dass das Ufer zu seiner Rechten einen breiten Weg bildete, auf dessen anderer Seite sich erneut ein Meer ausweitete. Konnte es sein, dass der Wassergnom in den vielen Jahren seiner Kümmernis nur seine Welt wahrgenommen und nie über deren Grenzen geblickt hatte? Wenn er die Quelle hatte schließen können, wieso hatte er diese andere Wasserwelt nicht wahrgenommen? Der junge Held erinnerte sich an seine eigene begrenzte Wahrnehmung, wie vieles war ihm wohl auf seinem bisherigen Ritt entgangen? Nur die Dreizehn Weisinnen, ihre Flüsse und ihr Schloss hatte er im Sinn gehabt, die Gegenden, die er durchritt, waren an ihm vorbeigezogen, die Bilder seiner Innenwelt bestimmten so sehr seine Erwartungen, dass er die letzte der weisen Schwestern nicht einmal erkannt hatte. Und ohne das Raunen des Grases wäre auch ihm das andere Ufer vielleicht nicht aufgefallen. Der Wassergnom war wohl so sehr in seiner Welt und seinem Schmerz gefangen, dass er gar nicht auf die Idee gekommen war, über die Grenze zu blicken. Nun aber sollte dem Wasserwesen geholfen werden, also eilte der Reiter zum anderen Ufer, um in dem so nahen Meer eine Gefährtin für den Trauernden zu werben. Kaum war er an der Küste der Hoffnung angelangt, erhob sich ein Brausen, als wollten die unbekannten Wassermassen sich erheben, um ihr Wesen nicht preisgeben zu müssen. Doch der ausgesandte Retter des Wassers blieb unbewegt und wartete geduldig, dass sich die Empörung der Meereswogen wieder beruhigte. Wie ein Fels in der Brandung stand er da und lauschte dem Getöse. Nach und nach wurden die Wellen sanfter und durch das Schäumen der Wogen ertönte ein Gesang, der sich im Rhythmus der Wogen bewegte, auf- und abschwellend, auf ihnen gleitend. Da fasste er sich ein Herz und rief: »Du Singende, bist du die Wassermaid, die den Wassergnom im Nachbarmeer aus seinem Gram erlösen will? Möchtest du deine Einsamkeit mit der seinen vermählen, Freud' und Leid des wässrigen Elements mit ihm in bislang unbekannter Gemeinsamkeit teilen?« Eine weitere Welle brauste heran und mit ihr die Antwort: »So lange schon warte ich auf seine Werbung, sie wurde mir vor Urzeiten geweissagt, aber auch, dass ich warten müsse, bescheiden mit dem was mich umgeben würde. Nun endlich scheint das Warten ein Ende zu haben – wirst du ihn zu mir her geleiten? Der arme Tropf, ich fürchte, sonst dauert es noch mal hundert Jahre!« Ein Lächeln konnte sich der junge Erdenmensch nicht verkneifen, auch wenn er selbst noch nicht viel von Liebe und Werbung wusste, hatte er doch oft genug erlebt, dass es die

Frauen waren, die unbeholfenen Männern auf die Sprünge helfen mussten, damit diese ihr Glück finden konnten. Bei den Wasserwesen schien es nicht so anders zu sein, nur dass diese viele Jahre länger Zeit zu haben schienen.

Also ging er die wenigen Schritte ans andere Ufer und rief in die Mondnacht über die auf dieser Seite herrschende Glattheit des beinahe unbewegten Wassers: »Wassergnom, ich habe deine Braut gefunden, komm zu mir, damit ich dich zu ihr begleite.« In einiger Entfernung begann ein Blubbern die See aufzuwühlen, in sich weitenden Kreisen bewegten sich die Wellen um einen kaum erkennbaren Klumpen, der sich langsam zum Ufer hinbewegte. Zwei glühende Lichter strahlten über das Wasser hinweg, wo das Licht auftraf, glitzerte es wie ein Diamantenteppich, würdig einer Königin. In gezähmter Hast, um die Würde zu wahren ohne seine Ungeduld zu missachten, näherte sich das Getüm dem wartenden Reiter. Die Kugel mit den Lichtern entpuppte sich als riesiger Kopf mit leuchtenden Augen, der Körper dazu aber blieb unter Wasser. Es war nur ein kleines Stück Land, das die beiden Vereinzelten voneinander trennte, und dennoch eine scheinbar unüberwindbare Barriere. Die Augen des Wassergnoms leuchteten den jungen Mann, der die beiden nun unbedingt zusammenbringen wollte, höchst erwartungsvoll an, so viel Sehnsucht hatte sich in dieser Gestalt des Wassers angestaut, es musste gelingen! Von der anderen Seite der Landbrücke erklang erneut der Gesang, und wäre die Nacht nicht gewesen, der Reiter hätte das Farbenspiel des Wasserkopfes wahrgenommen, der diese Töne mit Farbenkaskaden beantwortete. Die Frau seiner Träume jedoch war empfänglich für diese Wellen der Liebe und sang erneut zurück. Und so bildeten sich aus Tönen und Farben feine Linien, die sich ineinander verwoben und verknoteten, sodass nach einer Weile eine kunstvolle Verbindung der beiden Meere entstanden war und der Wassergnom über diese Lichtbrücke das benachbarte Gewässer erreichte. Es machte wohl etwas plumps, als er wieder ins Wasser glitt, doch was er und seine Braut dabei empfanden, blieb ihr Geheimnis. Die Schwere der Trauer hatte sich jedenfalls aufgelöst und damit auch der Druck auf die Quelle. Alsbald sah der junge Held das Wasser des Flusses sich wieder üppig in das Meer ergießen und darauf ein Boot, in dem die sechste der Weisen Frauen ihm entgegenfuhr.»Oh welche Freude, endlich fließt es wieder, das nährende Nass, das Land wird durchtränkt, kann die in der Erde schlummernden Samen zum Keimen bringen und reiche Ernte wird uns erfreuen!«, rief sie freudestrahlend und nun sah er auch, dass ihre Falten sich geglättet hatten und ihr Körper aufgerichtet war. Die Weise Frau gab ihm zum Dank einen Becher mit, gefüllt mit dem frischen Quellwasser, es sollte ihn bei Kräften halten für die weitere Reise und ihre Aufgaben. Er solle entlang des Ufers reiten, bis zur nächsten Flussmündung, dort würde ihre siebente Schwester bereits auf ihn warten.

Die Sechs – die Welt der Begrenztheit, in der sich die Liebe entfaltet

Körper, Grenzen, Liebe(n) und das Talent, das wirklich Lebensnötige zu erkennen und dafür zu sorgen, dass es gesichert ist. So könnte man das durch die Sechs ausgedrückte Themenfeld stichwortartig beschreiben. Mit der Energie der Sechs wird für das Überleben mit und durch Materie gesorgt, für die Bedürfnisse des »Leibes«, also Nahrung, Kleidung, Schutz vor Kälte, um einige zu nennen. Sie ist diesseitsbezogen, mit dem Bewusstsein, dass es ein Jenseits gibt. Doch hier auf der Erde gibt es Dreidimensionalität, Form, Dinglichkeit. Es ist eine begrenzte Welt, in der Grenzen beachtet werden müssen und im selben Atemzug erweitert, wenn nötig auch überschritten. Der erste Satz, den ich in Zusammenhang mit der Zahl sechs seinerzeit gelernt habe, war:»Wenn du andere begrenzt, begrenzt du nur dich selber.« Diese Botschaft steht in engem Zusammenhang mit dem in den meisten numerologischen Systemen hauptsächlich genannten Grundthema der Sechs, der Liebe. Die sechste Tarotkarte ist die der *Liebenden.* Und die Energie, die in der Astrologie durch Venus symbolisiert wird, wird ebenfalls der Sechs zugeordnet.

Doch worum geht es dabei wirklich? Sind Sechser-Geborene etwa besonders liebesbegabt? Ich erinnere daran, dass im Konzept der Zahlenkabbala die Zahlenthemen immer so verstanden werden, dass wir uns Lernaufgaben für die Inkarnation mitgenommen haben. Im Falle der Sechs bedeutet das, wir sollen lernen, was Liebe tatsächlich bedeutet. Deshalb wird Menschen mit der Lebenszahl *Sechs* empfohlen, im sozialen Bereich tätig zu sein. Aber auch viele künstlerische Berufe sind für Sechsergeprägte eine Wahl. Und auch hier gilt: mit Menschen gemeinsam oder für diese aktiv zu werden. Mit dem Sozialdienst trägt der Sechsermensch auch Karma ab. Womit wir bei einer der besonders vorteilhaften Eigenschaften dieser Energie sind. Denn wer eine Sechs im Geburtsdatum hat, hat gleichzeitig einen Schutz vor Wohnungslosigkeit. Doch ob es eine Hütte oder ein Palast ist, hängt wieder von der Aufgabenerfüllung ab (siehe das vorher Erwähnte). Also: niemanden begrenzen, sozial orientiert bleiben – dabei zur eigenen Wohlfühlgrenze den feinen Unterschied zwischen mitfühlen und mitleiden beachten. Wer mitfühlend ist, kann nachempfinden, was der oder die andere benötigt, ohne sich aber ins Drama mit hineinziehen zu lassen.»Hilflose Helfer« von Wolfgang Schmidbauer ist deshalb ein vielzitierter Bestseller geworden. Auch hier wieder: helfen ist etwas anderes als unterstützen. Sechser müssen auf diese Distanzwahrung besonders achten, denn weil die Sechs zu den Zahlen gehört, deren Energie sich besonders im Materiellen, insbesondere auf Körperebene auswirkt, kann ein zu viel an Einsatz für andere beziehungsweise ein sich selbst vergessen sich auch körperlich auswirken, im schlimmsten Fall sogar zur Krankheit führen. Das bedeutet, dass der wesentliche Lernerfolg dazu führt, sich selbst lieben zu lernen. Und zwar so wie man ist (zur Erinnerung: *wie man gemeint ist*), und nicht, wie man gerne sein möchte. Das hat nichts mit Egoismus zu tun, aber viel mit dem biblischen Gebot: *Liebe deinen Nächsten wie dich selbst*. In diesem Zusammenhang steht ein weiteres Thema der Sechs, die Grenzen. Denn mit der Sechs wird vermittelt, dass wir alle begrenzt sind, niemand ist vollkommen – wären wir es, wäre das Lernen und damit das Leben auf der Erde ja gar nicht nötig. Doch indem wir einander ergänzen, kann Vollkommenes entstehen. Diese persönliche Begrenztheit bedeutet gleichzeitig das Besondere, das, was jeden Einzelnen besonders, einzigartig, unterscheidbar macht. Doch Sechsergeprägte laufen Gefahr, genau damit unzufrieden zu sein, sehen es als Mangel anstatt als Auszeichnung. Deshalb ist eine ihrer Aufgaben, Zufriedenheit zu entwickeln. Da die Sechs körperlich geprägt, somit auch materiell bezogen ist, bezieht sich dieser Auftrag konkret auf materielle Dinge. Zufrieden sein mit dem Haus, dem Auto, den Möbeln, dem Einkommen, dem eigenen Körper usw. Und wie immer gilt: Je mehr materielle Güter angestrebt werden, desto weniger werden sie Realität. Das heißt, wenn diese im Sinne eines Statussymbols benötigt werden. Oder anders gesagt: Du darfst alles besitzen, es aber nicht haben wollen. Diese Ermahnung gilt auch ganz besonders für Zehnergeprägte, dazu dann mehr in jenem Kapitel.

Und weil es um die Liebe geht, ist auch das Thema Sexualität im Vordergrund. Zu erkennen, dass diese (nur) der eine, wenn auch wichtige, Teil einer Liebesbeziehung ist, ist vor allem für die in ihrer Quersumme eine 6 ergebende 15 Lebensthema.

Fünfzehn – von Abhängigkeiten und magischer Befreiung

Die Gabe der Fünfzehn ist die Weisheit des Körpers, er ist das Werkzeug, um diese zu erlangen. Doch der Weg dorthin kann sich kompliziert gestalten. Eine der Möglichkeiten, zu Einsicht und Erkenntnis zu gelangen, ist tatsächlich die Sexualität. Die mittlerweile gut bekannte und auch in europäischen Ländern immer öfter geübte Form ist die tantrische. Die Sexualität als ganzheitliche Erfahrung dient dem Einswerden mit dem Absoluten, der Weg der Erkenntnis geht – nicht nur, aber diese Ebene wird explizit einbezogen – über die Körpererfahrungen. Der sexuelle Akt ist somit ein spirituelles Erlebnis. Das ist, in Bezug auf die Fünfzehn, das Ziel, doch leider ist die Realität meist anders. Denn das Gefühl für den eigenen Körper, aber auch den vielzitierten Zusammenhang von Körper, Geist und Seele spüren Menschen mit einer Fünfzehn, sofern noch nicht transformiert wurde, nur über Körperkontakt. Sie sind in Bezug zur Materie, konkret daher auch zu den Dingen des Alltags, oft recht hilflos, deshalb scheinbar chaotisch, tendieren dazu, immer neue Ordnungssysteme auszuprobieren, häufen eventuell viel Materie zusammen – hier wird der mitwirkende Aspekt der Fünf, die Grenzenlosigkeit, wirksam – die dann keinen oder einen unzulänglichen oder ständig wechselnden Platz findet.

Sie sind mitunter körperablehnend und übermäßig fromm oder genau das Gegenteil, dezidiert atheistisch. Sexualität wird entweder abgelehnt oder vielseitig erprobt. Wenn es ungewöhnliche Praktiken sind, wird die Verantwortung für die Realisierung gern auf andere abgewälzt. Das Thema Verantwortung ist insgesamt ein dominantes für die Fünfzehn, die von ihr begleiteten Menschen tendieren mitunter dazu, sehr viel Verantwortung für andere zu übernehmen respektive sie den anderen abzunehmen, nur um die Verantwortung für die eigenen Handlungen und Entscheidungen zu vermeiden. Dadurch aber entstehen häufig Beziehungen der Abhängigkeit. Diese ist jedoch keine Einbahnstraße, Energie wird auf der einen Seite geholt und auf der anderen abgegeben. Oder vielmehr ist es zunächst die fehlende Energie, die dazu führt, dass sie ergänzt werden muss. Diese Umstände sind einer Karmalast zu schulden, die Missbrauch von Magie, das heißt die Anwendung von außergewöhnlichem Wissen, zum eigenen Nutzen und zum Schaden anderer betrifft. Der Transformationsauftrag und damit die große Chance für die Fünfzehn lautet, dieses Wissen um die Kräfte der Wandlung zum Wohle der Mitmenschen und damit auch zum eigenen wirksam werden zu lassen. Ich rede da ein wenig um den Brei herum, weil ich die gern genannte Einteilung in schwarze und weiße Magie für viel zu simpel halte, im Sinne der Komplexität des Themas. Und ein Exkurs darüber, ob es Magie gibt und wenn, was sie tatsächlich bedeutet und wie sie sich auswirkt, würde den Rahmen dieses Buches sprengen. Doch kann ich die fünfzehn – und in der Folge auch noch andere Zahlen – nicht besprechen, ohne das Wort zu erwähnen, denn »Magie« als energetische Größe findet sich in allerlei Ausdrucksformen in der Deutungspraxis der Zahlenkabbala. Wobei darunter Beeinflussungstendenzen zu verstehen sind, die sich als Manipulation äußern. Diese ist immer im negativen Sinn gemeint, denn an und für sich beeinflussen wir einander ununterbrochen in irgendeiner Weise. Um aber als missbräuchlich gewertet zu werden, muss es gegen den freien Willen des jeweils Manipulierten und meist zu dessen Schaden, gleichzeitig zum eigenen Nutzen geschehen. Weiters erzeugt ein derart beeinflusstes Verhältnis Abhängigkeiten, im schlimmsten Fall so, dass der oder die Betroffene sich trotz aller Bemühungen nicht davor schützen kann. Wer tiefer in diese Thematik eintauchen möchte, ohne dabei riskante Wege zu gehen, dem sei Paolo

Coelhos Biographie *Der Magier: Die Biographie des Paulo Coelho* des Journalisten Fernando Morais ans Herz gelegt. Ich komme leider nicht umhin, das Wort Magie zu gebrauchen, um den Unterschied respektive Abstufungen deutlich zu machen. Denn nicht jeder Manipulationsversuch ist ein magischer und es bedeutet nicht, nur weil jemand am 15. geboren ist, dass er oder sie aus dieser Motivation heraus handelt. Viel eher wirken sich diese selbstgewählten Aufgaben in der Form aus, dass man zum Beispiel Manipulationen ausgesetzt ist, darauf achten soll, in keine Abhängigkeit zu geraten, aber eben auch niemanden anderen in Abhängigkeit zu bringen. Selbstverantwortung übernehmen ist das wichtige Stichwort für die Fünfzehner-Geborenen, da der Geburtstag die sogenannte *Geistzahl* ist, besonders für die Wahl dessen, womit man sich geistig beschäftigt, daher auch für das eigene Denken.

Und erneut sei darauf hingewiesen: Eine Zahl bedeutet nie, dass ich so »bin«, sondern dass Energien durch mich wirken. Oder dass ich auf das Programm »Vermeidung« geschaltet bin, doch Verdrängung bzw. Unterdrückung funktioniert für das Unterbewusstsein nicht. Deshalb ist die Chance, mittels der Zahlenkabbala die Ursprungsenergie wahrzunehmen, dass ich mir ihrer bewusst werde, und somit darauf Einfluss nehmen kann. An einem simplen Beispiel sei das veranschaulicht: Es macht einen großen Unterschied, ob ich sage »Ich bin wütend« oder »das ist Wut« oder etwa »da ist ein Schmerz der Kränkung« statt »ich bin gekränkt«. Dem »ich bin« ist man ausgeliefert. Sobald ich es mit Hauptwort benenne, kann ich mich davon distanzieren, es betrachten, überlegen, wie ich damit umgehe, wie ich mich verhalten kann, damit ich mich wieder wohlfühle. Mit mir selbst ebenso wie mit dem Menschen, dessen Verhalten die Emotion ausgelöst hat.

Sechs und fünfzehn in der Partnerschaft

Womit wir wieder beim Thema Beziehung und den Partnerschaftszahlen angekommen sind. Eine Sechs wird möglich durch Addition der Lebenszahlen Zwei und Vier ebenso wie zweier Dreier. Und darin liegt bereits ein sehr großer Unterschied, wie sich die der Partnerzahl Sechs zugeschriebenen Qualitäten auswirken. Grundsätzlich gilt: einander nicht begrenzen! Einander keine Vorschriften machen und gemeinsam entdecken, dass Liebe ein Kind der Freiheit ist. Nun erinnern Sie sich, wie freiheitsliebend Dreier-Geprägte sind, dass aber Zweier-Typen eher gefährdet sind, sich einer dominanten, strengen, distanzierten Vier unterzuordnen. Das skizziere ich hier nur als Beispiel, es gibt tausenderlei Spielarten, wie eine Sechser-Partnerschaft gelebt werden kann oder soll. Darauf näher, vor allem aber individuell einzugehen, muss Gegenstand einer persönlichen Beratung sein. Oder Sie entschließen sich nach Lektüre dieses Buches, sich auf die numerologische Praxis einzulassen und besuchen ein entsprechendes Seminar. Sobald Elfrieda Kahofers Buch erschienen ist, können Sie auch damit beginnen. Nach zwanzig Jahren Beschäftigung damit kann ich Ihnen versichern: Es lohnt sich, das Leben wird verständlicher und etwas steuerbarer, es ist ein wunderbares Werkzeug, um das Beste aus den uns geschenkten Erdenjahren zu machen.

Finden 2 und 13 oder 3 und 12 oder 4 und 11 ... nun ja, rechnen können Sie vermutlich selber – zusammen, wirkt die Fünfzehn als Partnerschaftsenergie. Ganz ehrlich, ich kenne wenige, bei denen es über lange Zeit klappt, aber es gibt sie. Doch zusammen bleiben viele sehr wohl lange Zeit, denn dieser Partnerbeziehung wird eine Gummiband-Ähnlichkeit zugeschrieben. Will einer gehen, holt ihn die andere zurück und umgekehrt. Auch wenn es gleichgeschlechtlich ist, das Muster bleibt. Jedenfalls, wenn Sexualität im Spiel ist, wird es emotionsgeladener und daher komplizierter. Da Macht und Manipulation mitwirken, ist es kein glückliches und harmonisches Miteinander, es sei denn, beide entschließen sich, für die eigene Bewusstwerdung zu sorgen und gleichzeitig für größtmöglichen gegenseitigen Spielraum. Die Freiheit des Einzelnen nicht zu beschränken, ist immer oberstes Gebot. Eine begünstigende Basis entsteht, wenn die beiden die jeweilige Verschiedenartigkeit als Ergänzung zur Vervollkommnung sehen, im Sinne der Besonderheit durch Begrenztheit. Deshalb kann die Fünfzehn in einer Freundschaft sehr förderlich wirken, vorausgesetzt, dass beide wertschätzende Kritik zulassen und sich auf den Prozess der Selbsterkenntnis einlassen.

ÜBER ALLE GRENZEN HINWEG

Sehr zufrieden mit sich und seinen Erfolgen ritt der für sein Heldentum mit jedem Mal einen weiteren Baustein sammelnde Mann gemächlich den Ufersaum entlang. Es wäre nicht weit, hatte die Sechste ihm verraten, daher hatte er keine Eile und nützte den kurzen Ritt für etwas ihm Ungewohntes. Sich Zeit lassen, die kleinen Schönheiten am Weg entdecken, das wollte er hier erproben. Er musste erst herausfinden, was Schönheit sein könnte, vorläufig registrierte er nur, was auf dem Weg zu sehen war, wie ein Chronist oder ein Schmetterlingsjäger vermerkte er in seinem Gedächtnis: eine Muschel, zwei Muscheln, ein Einsiedlerkrebs, noch ein Einsiedlerkrebs, feuchten, glatten sowie trockenen, hügeligen Sand, durch eine unsichtbare Grenze feinsäuberlich voneinander getrennt und doch ineinander übergehend. Das beeindruckte ihn. Viele Steine, meist schwarz oder schwarzweiß, dazwischen einige ziegelfarbene oder grüne. Eine lange Liste war in seinem Kopf entstanden, doch ob etwas davon mit Schönheit zu tun habe, blieb ihm rätselhaft. Ein wenig weiter, ins Land hinein, sah er grüne Wiesen und wilde Rosen. Diese Blüten wurden bewundert, das wusste er. Also mussten sie schön sein. Auch das vermerkte er in seinen Gedanken. Sein Pferd war dankbar, dass es einmal nicht hetzen musste und labte sich an den trockenen, aber würzigen Gräsern. Sein Reiter ließ es den Pfad finden und überließ die Entdeckungen seines Weges dem Zufall seiner Auswahl. Dennoch blieb es ein kurzer Weg und so kamen sie schließlich doch an, bei der Mündung des siebenten Flusses. Schon von weitem hatten sie Musik vernommen, nun sahen sie auch fröhliche Tänzer und Tänzerinnen allerlei Fabelursprungs sich im Rhythmus bewegen, alle waren unausgelassen fröhlich. Dies wäre ein Ort zu bleiben, dachte der Abenteurer noch, ehe er Ausschau hielt nach der siebenten der Weisen Schwestern. Inmitten des Tanzgetümmels entdeckte er sie, blumenbekränzt, gleichzeitig stolz und kämpferisch, begleitet von zwei seltsamen Tieren mit Löwenkörpern und menschlichem Antlitz. Ein Schauspiel, wie er es noch nirgends erlebt hatte, bot sich ihm dar. Nun wandte sich auch noch eine der Tänzerinnen ihm zu und überreichte ihm einen Pokal feinsten Weines, purpurrot und üppig duftend. Eine weitere eilte herbei mit einer Blütenkette, um ihn für das Fest zu schmücken.

Das war endlich eine gänzlich andere Stimmung rund um einen der Flüsse, und ein Gefühl, das er als Freude bezeichnete, keimte in ihm auf. Gleichzeitig aber gedachte er seiner Aufgabe und ein Gefühl der Unsicherheit, ja sogar ein wenig Angst, mischte sich dazu. Denn die siebente der Weisen Frauen sah gar streng und unnahbar aus, sie passte nicht so recht in dieses Bild der Festgesellschaft. Während er noch mit diesen widersprüchlichen Gefühlen seines Innenlebens beschäftigt war, nahm ihn eine der Tänzerinnen bei der Hand und führte ihn, sanft, aber bestimmt, zur Siebenten, die nach wie vor unbewegt in der Mitte der Tanzrhythmen thronte. Er hatte keine weiteren Überlegungen anstellen können, schon stand er vor ihr, die so ganz anders als ihre Vorgängerinnen erschien. Oder waren alle in ihr spürbar, nur in gänzlich neuer Form? Eine besondere Harmonie der Einheit hinter den Gegensätzen schien von ihr auszustrahlen. Sie war gleichzeitig nahbar und weit entrückt, festlich feierlich und selbstbestimmt, kampfbereit. Ihr schien nichts und niemand etwas anhaben zu können, doch wer mit ihr im Einklang war, konnte sich ganz versenken in die Aura ihres Seins, mit ihr verschmelzen und Einsichten gewinnen, auch für noch ungestellte Fragen.

Sie wandte sich dem jungen Mann zu, doch ihr Blick schien durch ihn durchzugehen, unbekannte Fernen suchend. Durch diese Durchschauung fühlte er sich merkwürdig eingebunden in bisher ungeahnte Dimensionen. Das Dasein schien in ihn hineinzufließen und gleichzeitig durch ihn hindurch, er spürte den Rhythmus seines Herzens, der sich dem der Umgebung angeglichen hatte. Die Wellen der See, die Brise des Windes, die langsamen, auf- und abschwellenden Bewegungen der Erde, sonst unbemerkt, nun aber wie ein Wiegen der Ewigkeit, alles nahm er gleichzeitig wahr, während sein Atem und sein Herzschlag sich in dieses Gemenge an Rhythmen einfügten zu einem ungesungenen Lied des Seins. Immer tiefer versank er in diese Symphonie der Schwingungen, fühlte seinen Willen schwinden, um absichtsfrei seinem wahren Sein, seiner eigentlichen Bestimmung zu begegnen. In diesem Trancezustand verharrend nahm er den Wunsch der siebenten der Weisen Frauen wahr, die Zeit schien zu verharren, um in ihr die Erfüllung zu ermöglichen. Nichts galt es zu tun, nur zu sein. Es war die Natur, der alle Aufmerksamkeit der Siebenten galt, sie sollte er durch und durch erfahren, das Sich-ineinander-Verweben, die Kreisläufe, in denen selbst Faulendes wertvoll war als Nahrung für neues Leben. Dieses Wissen darüber, wie alles mit allem verwoben war, voneinander sinnvoll abhängig, sollte er seinen Mitmenschen nahebringen, damit sie sorgsam mit der Natur umgingen.

Noch lange saß er so, mit jedem Atemzug ein wenig mehr in sich aufnehmend, fühlte er sich als Teil der Umgebung. Die Zauberwesen waren nach und nach verschwunden und eine Brücke, gewoben aus Spinnennetzen, hing über der Flussmündung. Über sie gelangte er sicher ans andere Ufer. Sein Pferd wartete dort bereits auf ihn, eine Stute an seiner

Seite, diese neue Gefährtin wurde nun ihre Führerin. Der siebente Tag war vorübergegangen, ein neuer Weg lag vor ihnen.

Vier und Drei oder warum Sieben siegreich aus dem Rahmen fällt

Sieben, eine Primzahl, zusammengesetzt unter anderem aus drei und vier (auf 1+6 gehe ich weiter unten bei der Beschreibung der Zahl 16 näher ein), ist die erste Zahl, mit der der materielle, erdorientierte Betrachtungsraum verlassen wird. Mit Vier als dem Symbol der Erde und Drei, der Trinität, verbinden sich die beiden Ebenen des Seins, Himmel und Erde und – als große Herausforderung für alle Siebener-Geborenen – Herz und Hirn. Das Herzdenken, der Herzkreislauf wird über das Stammhirn und das sogenannte *alte Säugetiergehirn* geregelt, das logische Denken und die Erstaufnahme neuer Lerninhalte im entwicklungsgeschichtlich jüngsten Teil unseres Gehirns, dem verbal-intellektuellen Neokortex. Beide arbeiten zusammen, manchmal besser, manchmal weniger gut. Denn nur wenn wir entspannt sind, wir uns wohlfühlen, ist die Informationsübertragung zwischen diesen Bereichen in unserem Kopf optimal. Geraten wir in Zweifel oder gar Stress, ist die Informationsübertragung zwischen den älteren Gehirnteilen, die unsere Instinkte und Reaktionen steuern, und dem Teil, der »vernünftig« ist, der Regeln beachtet, der Sprachverständnis und -ausdruck ermöglicht, gestört. Die Ergebnisse kennen wir alle: Wir sagen Worte, die wir lieber für immer und ewig in unserer Geheimschublade gelassen hätten, wir setzen Handlungen, die wir hinterher zutiefst bedauern. Dazu gehört der

Essanfall trotz Abnehmdiät ebenso wie der Streit, der langjährige Freundschaften zerstört.

Deshalb mahnt uns die Sieben, das Herzdenken zu stärken. Bestimmt von der Liebe, die ohne jegliche Wertung auskommt, die annimmt, auch ohne zu verstehen, ist Konflikt ausgeschlossen. Um diese Verschränkung – in der Liebe sein und gleichzeitig alle Vorteile des Intellekts nützen – zu verinnerlichen, brauchen siebenerbestimmte Menschen die Zeit und Muße, bei sich bleiben zu können, in sich hinein zu spüren und sich mit der geistigen Energie – im allgemeinen Sprachgebrauch der göttlichen – zu verbinden. Deshalb wird der Sieben nachgesagt, dass sie gerne mit sich alleine bleibt, folgerichtig ist eine der Lernaufgaben, die diese Zahl mit sich bringt, Partnerschaftsfähigkeit zu entwickeln. Denn ein miteinander Sein muss erst als erstrebenswert erkannt werden. Besonders an einem Siebenten Geborene haben häufig das Gefühl, dass sie Partnerschaft nicht brauchen. Diese Ansicht gilt es zu *verlernen* – um einen weiteren Begriff der Zahlenkabbala zu zitieren. Denn die Grundzahl, die sich aus der Quersumme der Zahl des Geburtstages ergibt, steht auch für Ansichten und Gewohnheitsmuster, die zu verlernen sind. Die Lebenszahl wiederum steht für zu Lernendes, also neue, förderliche Verhaltensrichtlinien und Ansichten.

Die Fähigkeiten des Intellekts nutzen von der Energie der Sieben bestimmte Menschen gerne für die Beschäftigung mit Philosophie, aber auch wissenschaftlich begabte sind darunter. Oft gibt es in ihnen eine Sehnsucht nach dem Verständnis der Gefühlswelt, die aber angsteinflößend, weil nicht kontrollierbar, erscheint. Statt ihr Herz zu öffnen, bleiben sie verstandesbestimmt. Von anderen werden sie dann als unnahbar und distanziert empfunden – ähnlich wie die im Märchen beschriebene siebente Schwester der *Weisen Dreizehn*, die inmitten der fröhlichen Gesellschaft reserviert, in sich gekehrt bleibt. Genau so zeigt sich die ritterlich gekleidete Gestalt auf der Tarotkarte *Der Wagen*: selbstbewusst, flankiert von einer weißen und einer schwarzen Sphinx im Vordergrund. Dieses Fabelwesen steht für mystisches Wissen, das der Sieben ebenfalls zugeschrieben wird. Wenn Menschen mit einer Sieben im Geburtsdatum sich der Natur zuwenden, bietet sich ihnen die Chance, die Verbindung von Intellekt und Herz zu öffnen und damit in ihre ureigene Kraft der Heilung zu kommen. Das ist die »große Chance«, wie die Sieben auch genannt wird, ihr geht ein innerer Kampf voraus, der den »geschenkten Sieg« mit sich bringt. Es benötigt diese Selbstüberwindung, das Denken fließen zu lassen, sich dem Rhythmus des Seins im Jetzt zu überlassen. Folgerichtig sind auch Musik und Tanz heilsam und unterstützend, um das Zusammenspiel von Herz und Hirn zuzulassen.

Die Musikerin *Cornelia Presich* alias *Holla die Waldfee* hat die Präsentation meines zweiten Buches kongenial musikalisch begleitet. Während meine Verlegerin dieses Manuskript lektorierte, durfte ich wiederum vor ihrem ersten großen Konzert einige meiner Märchen zur Einstimmung lesen. Sie ist eine Kräuterkundige, die den Pflanzen lauscht, sich einfühlt und so deren wunderbare Eigenschaften entdeckt. Ihre Erfahrungen formuliert sie in zauberhaften Liedtexten zu selbstkomponierten Melodien. Während ich die Beschreibung der Sieben formulierte, dachte ich, sie müsse jedenfalls eine Sieben im Geburtsdatum haben. Auf meine Nachfrage kam prompt: Sie ist am 7. März geboren! Ihre Lebenszahl 3 verdoppelt ihre Chancen, gleichzeitig hat sie einiges in Sachen Partnerschaft zu lernen. Dass sie auf dem Biobauernhof arbeitet, dessen Besitzer, Tieretologe *Karl Erlach*, mir viele kostbare Informationen zu meinen Büchern geliefert hat, trägt ebenfalls enorm dazu bei, dass sie ihre intuitiven Fähigkeiten entdecken konnte, deren Impulse sie aufnimmt und somit, vom Verstand sinnvoll ergänzt, optimal wirksam werden lässt.

Ich selbst habe keine Sieben im Zahlenbild meines

Geburtsdatums, abgesehen von der letzten Ziffer meines Geburtsjahres. Üblicherweise wird dieses nur als Gesamtheit betrachtet, aber offenbar wirkt diese Sieben doch mit, denn auch ich habe lange gebraucht, um aus dem Kopf- zum Herzdenken zu gelangen und das eine mit dem anderen zu verweben. Meine Bücher konnten aber nur auf diesem Teppich entstehen. Bevor ich ein Buch schreibe, habe ich zum Thema bereits viel an Wissen und Erfahrung gesammelt. Um den Intellekt zu befriedigen, werden bereits gespeicherte mit weiteren Lehrinhalten ergänzt, im Allgemeinen bedeutet das, dass ich viele Bücher lese oder zumindest querlese. Das Ganze vermischt sich dann mit den dabei entstehenden Emotionen, der Kanal zur geistigen Welt öffnet sich und aus dem Gemenge dürfen dann die wesentlichen Sätze ganz von selbst herausfließen. Es ist wie beim Kochen: Das Wissen über Zutaten und in welchem Verhältnis sowie in welcher Reihenfolge sie zusammengemengt werden, angereichert mit intuitivem Rühren, Schütteln, Würzen, oder auch Ruhen- oder Reifenlassen, macht die Qualität des Gerichtes aus.

Den Intellekt zu nutzen ist mit der Siebener-Energie ein Kinderspiel, sich in Meditation zu versenken fällt ebenso leicht. Ist das Herzdenken aber einmal entwickelt, ist es umgekehrt ebenfalls herausfordernd, dieses wiederum in Worte zu fassen. Denn das Herz denkt in Bildern und Empfindungen. Die verbalen Beschreibungen der Zahlenqualitäten erscheinen mir immer unzulänglich, in einundzwanzig Jahren hat sich in mir ein breites Gefühlsspektrum für sie entwickelt, dafür passende Erklärungen zu formulieren bleibt unzureichend. Genau deshalb bin ich glücklich, sie mit den Märchen untermalen zu können – ich hoffe, Sie erlesen sich so eine Ahnung Ihrer Wunderwelt.

Sieben Zwerge und andere Siebenschaften

Nach der Drei ist es wohl die sieben, die märchensymbolisch bevorzugt ist. Darüber, ob die Kunde aus der Bibel über die sieben Schöpfungstage dafür Pate ist, kann spekuliert werden. Dass zufolge der *Heiligen Schrift* Gott am siebenten Tage geruht hat, passt stimmig zur Ruhe und Einkehr suchenden Eigenschaft der Sieben, ebenfalls die Zuschreibung »heilig«. Ob die *sieben Zwerge* gottesfürchtig waren, erzählt *Schneewittchen* nicht, dass die Sieben die vollkommene Einheit symbolisiere, entnehme ich den sehr raren Notizen zur Zahlensymbolik der Märchen – in der Enzyklopädie des Märchens bin ich zumindest ein wenig fündig geworden. Jedenfalls finden sich nicht nur Zwerge, sondern auch Berge, Raben oder Brüder siebenfach in den Märchen der Gebrüder Grimm aber auch in anderen, weniger bekannten Märchensammlungen. Und nicht zu vergessen: *Siebene auf einen Streich.* Dass sieben erschlagene Fliegen das Schneiderlein so stolz werden lassen, dass es hinausgeht, die Welt zu erobern, erzählt eindrücklich, dass das Selbstbild so glaubhaft werden kann, dass die Wirklichkeit sich der Einbildung entsprechend gestaltet. Des Schneiders Selbstbewusstsein, gepaart mit einer gehörigen Portion Schlauheit (der Intellekt-Faktor der Sieben!) lässt ihn schließlich König werden und bleiben. Fast geschenkt ist dieser Sieg, denn besonders angestrengt hat er sich ja nicht, dieser Märchenheld, eigentlich war alles ein großer Spaß.

Der Sturz aus dem Turm und wie die Sechzehn dennoch sanft landet

Diese Leichtigkeit kann mit der Sieben einhergehen, wenn der Mensch sich einschwingt auf den Rhythmus des Lebens. Entsteht die Sieben aus der Sechzehn, fällt dies umso schwerer. 14 und 15 sowie 16 und 18 sind die Zahlen mit der intensivsten Karmalast, es bringt leider nichts, es zu beschönigen. Doch können Sie im kommenden Kapitel etwas aufatmen, die Siebzehn durchbricht segenbringend diese Reihe.

Im Tarot ist die Sechzehn *der Turm*, kaum eine dieser archetypischen Darstellungen zeichnet eindrücklicher, worum es bei dieser Zahl geht. Aus einem brennenden Turm stürzen zwei Menschen, zuoberst bricht eine übergroße Krone hinaus in undefinierbare Schwärze. Doch keine Angst, dieses Drama lässt sich gut vermeiden, wenn auch kleine Dramen zwischendurch zum Lernprogramm der Sechzehn dazugehören. Auch Türme sind keine ewigen Trutzburgen, das erfahren wir ebenfalls aus vielen Märchen. *Rapunzel* findet schließlich einen Retter, ein weniger bekanntes Märchen erzählt von einem Zwillingsbruderpaar, das die Rollen tauscht und einer für den anderen im Turm eingemauert bleibt, damit unterdessen der andere für ein siegreiches Ende sorgen kann.

Menschen, die an einem Sechzehnten geboren sind, haben viele Talente, die sie öffentlich wirksam einsetzen, Unterrichten gehört dazu. Sie erinnern sich an das *Verlernthema* der Sieben? Dass Partnerschaft nicht wichtig erscheint, zeigt sich unter der Verstärkung durch die Energie der Sechzehn derart, dass Familie zwar angestrebt wird, sich der Mensch jedoch nicht familienorientiert einbringt, er bleibt mehr auf Außenwirkung bedacht. Es sei denn, die Lektion wurde bereits gelernt. Dennoch wird er oder sie am größeren Publikum orientiert bleiben, nur weniger zwanghaft. Die in dieser Zahl enthaltene Sechs bringt die Körperbetonung mit sich, das erleichtert zwar den Zugang zum Fühlen, birgt aber ebenfalls das Risiko der Erschöpfung in sich. Diese tritt auch deshalb ein, weil unter dem Einfluss dieser Energie Stehende immer wieder neue Möglichkeiten ausloten, oft kurz bevor sie vor einer praktikablen Lösung stehen. Diese wird verworfen und eine neue, möglicherweise noch bessere wird gesucht. Das Bild dazu ist der Irrweg durchs Labyrinth, in dem kurz vor dem Ausgang kehrtgemacht wird, um einen anderen zu finden. Sechzehner-Beeinflusste sollen daher einfach bleiben, sich einfühlen in den Rhythmus dessen, was sie umgibt. Das heißt, wenn sie das Talent der Sieben zu Stillhalten und Einkehr nutzen, führt die Intuition sie wohlbehalten wieder heraus.

Alte Liebe verbindet – Sieben und Sechzehn

Entsprechend schwierig bis unmöglich gestaltet sich eine Partnerschaft, deren Lebenszahlen addiert eine Sechzehn ergeben. Ich habe mir so oft gewünscht, es wäre anders, selbst in der eigenen Familie, doch bewahrheitet es sich immer wieder. Ähnlich wie bei der Fünfzehn ist es leichter in einer Freundschaft, doch auch hier geht es nur mit allerhöchster Toleranz den Schwächen der oder des anderen gegenüber. Und damit den eigenen, denn wer uns am meisten herausfordert, ist unser wahrhaftigster Spiegel. Dahinter steht eine lange Seelenliebe, die sich bei der Partnerschaftszahl Sieben harmonischer zeigt – diese steht für eine lebenslange Verbindung, die von einer tiefen Seelenliebe getragen wird. Das spüren die Beteiligten immer, oft entgegen allen Vernunftgründen. Das bedeutet aber nicht, dass es auch eine dauerhafte Beziehung bleibt, hilft aber. Als Sechzehner-Partnerschaft drückt sich diese Liebe als eine von nie gelöster Karmalast begleitete. Deshalb kommen die beiden zusammen, denn es tut not (6), diese endlich zu erlösen. Meine Kollegin Claudia Kloihofer-Haupt bietet dafür ihre geniale wie einfache Methode an, in einer gemeinsamen Sitzung begleitet sie Problembelastete zu ihrem ursprünglichen Selbst. Tonnenschwere energetische Last wird abgelegt, die zu ihr kamen, fliegen danach förmlich nach Hause. Klingt märchenhaft, ist es auch, aber wie schon zu Anfang erwähnt, wer in diese Kraft vertraut, für den wird es Wirklichkeit.

Weil nicht alle, die es benötigen, zu ihr kommen können, hat sie darüber ein Buch geschrieben, *Die Intelligenz der Zellen*, erschienen quasi zeitgleich mit diesem, ebenfalls im Goldegg Verlag.

Unser Held hat noch sechs Flüsse vor sich – Zeit, ihn erneut zu begleiten und Märchen- und damit Erfüllungsenergie zu tanken.

DER GEFANGENE FLUSS

Obwohl er keine Kraft einsetzen, keine Hürden überwinden oder sonstige kämpferische Leistungen erbringen hatte müssen, fühlte sich der Reiter erstmals heldenhaft, endlich aber ohne den Drang zum Heldentum zu verspüren. Eine ungewohnte Entspanntheit hatte sich in ihm ausgebreitet, er fühlte sich mächtig, ohne sich beweisen zu wollen, weise, ohne Wissen zu brauchen. Ohne jeden Zweifel oder Hast in sich ritt er gemächlich dahin, die weiße Stute mit wehender Mähne an der Seite seines treuen Gefährten. Der Weg mäanderte dahin, in Richtung Landesinnere, eine sanfte Hügellandschaft lag vor ihnen, das Meer in ihrem Rücken blieb sich selbst überlassen, wie seit Urzeiten.

Er dachte über seine bisherigen Erfahrungen nach – in wenigen Tagen war er erwachsen, vom impulsiven, tatendurstigen Noch-nicht-Helden zum in sich und seiner Kraft ruhenden reifen Mann. Sein Ziel war nur mehr, die einmal übernommene Aufgabe zu Ende zu bringen, der mögliche Lohn dafür war bedeutungslos geworden. Gleichzeitig trieb ihn eine Unruhe und anwachsende Neugier an, er mahnte sein Reittier zum Trab, als gelte es, rechtzeitig anzukommen, eine Frist nicht verstreichen zu lassen, wiewohl ihm niemand Anweisungen gegeben hatte. Der Pfad mündete in eine Schlucht, zwischen zackigen Steinformationen hatte sich ein Schacht eingegraben, der sie in eine abgeschiedene Geräuscharmut einführte. Hier im Inneren der Felsenwelt klang kein Außenlärm ein, stattdessen umhüllte sie eine gedämpfte Tonwolke. Die Hufe der Pferde sanken tief in den staubigen Boden, auf dem sich feinster Sand vielschichtig angesammelt hatte, ein wenig fühlte er sich wie reitend auf Wolken. Zumindest dachte er, dass es sich so anfühlen müsse. Rechts und links ragten die Felswände weit hinauf, nur wenig Licht erreichte den Boden der Schlucht.

Als sie bereits eine Weile dahingeritten waren, öffnete sich der schmale Pfad zu einem Trichter, sonnendurchflutet, dem strahlend blauen Himmel entgegen sich weitend, und nahm dieses Blau auf in den kleinen, kreisrunden Teich der Trichtermündung. In ihm schienen sich das Sonnenlicht und die Himmelspracht zu kondensieren, deutlich machend: Hier konnte Wunderbares geschehen.

Sich nähernd erkannte er, dass sich zwei ineinander übergehende Wasserflächen in Form einer Acht ergänzten. Hier also wartete die nächste Aufgabe auf ihn, welchen Fluss er danach überqueren sollte; blieb jedoch noch ein Rätsel.

Vorerst faszinierte ihn die spiegelnde Wasserfläche. In unendliche Tiefen schien sie hinabzureichen, in sich bergend die Weisheit des Universums, gebündelt durch die Trichteröffnung. Erneut fiel er in Trance, sein Geist wurde eins mit dem dunklen Wasser, als löse er sich darin auf. Gleichzeitig war seine Wahrnehmung so klar wie nie zuvor. Die Zeit schien stillzustehen und all ihre Grenzen verschwammen, ein Moment der Gleichzeitigkeit ließ ihn alles vergangene und zukünftige Geschehen wahrnehmen. So vieles schien sich unendlich zu wiederholen, in immer neuen Varianten, beständig neue Lösungen wurden angewandt, woraus neue Vielfalt entstand. Mit einem tiefen Atemzug ballte er all dieses Wissen zusammen, sein Geist verdichtete es, und ohne das so Erlebte im Einzelnen berichten zu können, hatte er doch den Erfahrungsschatz von Äonen in sich aufgenommen. Und nun endlich nahm er sie wahr, die achte der Weisen Frauen. Im weißen Gewand stand sie da, mit wehenden Haaren, die sie wie ein Mantel umgaben. Die

Stute hatte sich zu ihr gesellt, und sie schwang sich auf ihren Rücken. Dem Reiter winkte sie, ihr zu folgen, weiter auf dem nun wieder enger werdenden Pfad durch das Tal. Die Wände der Schlucht allerdings hatten sich verändert, seltsame Zeichen waren eingraviert, sie gaben Zeugschaft von vorangegangenen Kulturen und das neu gewonnene Wissen der Zeiten erzählte ihm von deren Untergang. Doch die Frau war bereits weit voraus, er konnte nicht verweilen, um mehr zu erfahren. Der Pfad verengte sich erneut und dann vernahm er ein tosendes Rauschen. Die Felsen hinab stürzten die Wassermassen, gruben sich ein in den sandigen Boden und verschwanden erneut im Felsen. Beinahe erschrocken hielt er inne und blickte die Frau, die an dieser Stelle auf ihn wartete, fragend an. »Ja«, sprach sie, »das ist das Rätsel, das du zu lösen hast, der achte Fluss ist voller Kraft, doch sie entzieht sich uns. Finde heraus, wohin sein Wasser fließt, damit wir seine Fülle endlich nutzen können. Denn bisher ist es wie mit der Weisheit – wenn sie bei niemandem weilt, können keine weisen Entscheidungen getroffen werden.«

Er nickte nur und ritt dahin, seine innere Klarheit ließ ihm keinen Zweifel, er wusste die Richtung und auch die Ursache. Dort, wo einst eine weit entwickelte Kultur sich entfaltet hatte, waren einige wenige unterirdische Hallen geblieben, in denen sich seltsam verwachsene Nachfahren der einst untergegangenen Welt ein unbekanntes Reich geschaffen hatten. Ein wenig abseits öffnete sich der Fels einen Spalt, er musste sein Pferd zurücklassen und zwängte sich hindurch. Düsteres Dämmerlicht empfing ihn, nur langsam gewöhnten sich seine Augen und er konnte einen Weg ins Berginnere erkennen. Von weitem vernahm er ein Gemisch polternder und scharrender Klänge, ein wenig schauderte ihn, sich weiter zu wagen, doch gestärkt durch die neu gewonnene Einsicht schritt er tapfer weiter. Der Weg öffnete sich zur Halle, auch hier waren die Wände mit ähnlichen Zeichen bedeckt, wie er sie schon an den Wänden des

Pfades wahrgenommen hatte. Überall herrschte bläuliches Dämmerlicht, und die Wesen bewegten sich schattenhaft um einen altarartigen Aufbau in der Mitte. Es waren ungestalte Hünen, die, vertieft in ihren Ritus, keinerlei Notiz von ihm nahmen. Vorsichtig näherte er sich weiter und sah das Wasser des achten Flusses sich um den Altaraufbau herumbewegen. Nun entdeckte er auch, dass ein steinernes Gefäß unter den unterirdischen Urbewohnern die Runde machte und jeder einen kräftigen Schluck daraus nahm. Das Poltern und Scharren wurde von ihren mächtigen Füßen verursacht, mit denen sie im Geröll rund um die Ritualstelle vorwärts stapften.

Nun wusste er, wo der achte Fluss versiegte, doch wie sollte er dessen Wasser wieder nach draußen, in das Land der dreizehn Weisinnen, leiten? Und was würde mit den Unterirdischen geschehen, wenn ihnen das Wasser, das ihnen offenbar heilig war, abhandenkäme? Er beschloss, abzuwarten, bis die Urwesen ihr Ritual beendet hätten. Vielleicht fand sich eine Möglichkeit, das Wasser aus dem Zeremonienbecken wieder nach draußen zu leiten. Er beobachtete also weiterhin die Handlungen der Unterirdischen, seine Augen hatten sich mittlerweile gut an das Dämmerlicht angepasst und er konnte die Gestalten und ihre Bewegungen deutlicher erkennen. Der Altar war aus einem ihm unbekannten Kristall, von ihm ging das Licht aus, das die Halle diffus erhellte. Rund um diesen war ein brunnenartiger Umbau, der den Fluss in seinen Rahmen presste. Darin wirbelte dieser entgegen dem Uhrzeigersinn und bildete dabei eine Abwärtsspirale. Er vermutete, dass dies die Ursache war, warum das Wasser des Flusses nicht wieder aus den Felsformationen herausfloss, offenbar wurde es im Strudel hinabgezogen, in unbekannte Untiefen. Er blickte sich um, einen Abgang suchend. Tatsächlich erblickte er einen kleinen Durchbruch, zu dem er seitlich, die Wände entlang tastend, von den Hünen unbemerkt, gelangen konnte. Hier war es allerdings stockfinster, so musste er seinen anderen Sinnen vertrauen. Sehr fern hörte er Wasserrauschen, das spornte ihn an, sich weiter zu tasten. Auf seinem Weg in die Tiefe vernahm er ein Raunen, als würden die Wände sprechen. Da sonst nichts weiter geschah, ließ er sich davon nicht abhalten und tastete sich weiter abwärts. Das Raunen wurde lauter, gleichzeitig fühlte er den Boden unter sich glitschig werden, er musste achten, nicht auszugleiten. Und dann wurde das Raunen deutlicher und er verstand, was ihm die Wände verrieten:»Wir sind die gebundenen Kräfte der Wassergeister. Das untergegangene Volk, dessen mutierte Nachfahren du beobachtet hast, hat uns hier eingefangen, nun warten wir seit Urzeiten auf einen, der uns entfesselt. Folge dem Pfad, schöpfe das Wasser der Acht und benetze damit diese Wände. Aber achte darauf, nichts zu verschütten, denn auch die mächtigen und wilden Geister der überbordenden Fluten sind hier gebunden – wären sie losgelassen, würde der Fluss mit all seiner Kraft geballt durch den Felsen brechen und auch draußen alles mit sich reißen.

Erneut war nun eine große Verantwortung für das Wohl und Wehe des ganzen Landes auf seine Schultern gelegt, doch erstmals fragte er sich:»Warum gerade ich? Ich bin doch ein ganz unbedeutendes Mitglied des Königs Reiterschaft!« Und prompt tönte die Antwort aus den Wänden:»Du warst einst Mitglied dieses alten Volkes, deine Form hat sich seitdem viele Male erneuert und dein Wesen erfuhr wissen- und weisheitserweiternde Wandlung. Auf deiner Reise wurden Erinnerungen geweckt, nach und nach standen sie dir erneut zur Verfügung. Einst warst du der Hüter des Schlüssels des Wassers. Bist du unten angelangt, trachte, dich zu erinnern. Wenn du ihn findest, wird es ein Leichtes sein, den Fluss ins alte Bett zu leiten und uns zu befreien. Er dachte an den Moment im Trichter zurück, in dem er alle Existenzen gleichzeitig präsent gehabt hatte. Ausgestattet mit diesem All-Wissen wagte er sich weiter abwärts. Der Weg wand sich nun spiralenförmig hinab, wobei er sich gleichzeitig verengte, erneut entstand so eine Trichterform. Als er gerade noch Platz hatte, konnte er nur noch durch einen Schacht hinuntergleiten. Sanft landete er in einer weiten Halle, die von einem goldblauen Licht ähnlich dämmrig erhellt wurde wie die weiter oben gelegene. Vor ihm lag das Wasser, das dieses Licht aussandte, unbewegt schien es hier seit undenklichen Zeiten zu verharren. Angelangt an dessen Ufer fühlte er die Wucht von tausenden Gefühlen, die darin angesammelt waren. Ein Gedanke der Unsicherheit ließ ihn zögern – sollte er wirklich all diese Gefühle wieder hinauslassen in die Welt? Wie würde es den Menschen ergehen mit diesem Schwall an bisher im Dunkeln der Tiefe zurückgehaltenen Schmerzen, Tränen, Ängsten? Aber auch Freude, Liebe, Zärtlichkeit, Andacht, Begeisterung und noch vieles mehr waren darin geborgen. Er beschloss, zunächst die Wassergeister zu befreien und sie danach um Rat zu fragen. Äußerst achtsam formte er seine Hände zu einer Schale, schöpfte aus dem seit Äonen unbewegt gebliebenen Wasser, das nun einige kleine Wellen in die Glätte seiner Oberfläche weiterbewegte, und kehrte zu dem kleinen Durchlass zurück, durch den er in die Halle gelangt war. Wie aber sollte nun das Wasser der Erweckung hinaufgelangen? Er rief in die Wände hinauf und vernahm: »Benetze nur den Rand des Durchlasses, das Wasser wird zu uns hinaufsteigen. Bis wir gelöst sind. kannst du den Schlüssel wiederfinden, erinnere dich, erinnere dich, ...« tönte es nun wie ein immer schwächer werdendes Echo. Er tat wie ihm geheißen und kehrte erneut zum wiederum ganz stillen Wasser zurück. Dort versank er abermals in eine tiefe Trance, die vielen Formen seiner Existenzen zogen an ihm vorüber, bis er in jene gelangte, da er den Schlüssel des achten Flusses hütete. Eine rasende Flut von Bildern zeigte ihm die Zeit der Pracht und des Überflusses, aber auch Armut und Elend, das von seinesgleichen unbeachtet und unbeseitigt geblieben war. Schließlich erlebte er die Katastrophe, die sein ganzes Volk versinken ließ im Erdenschlund, der sich geöffnet hatte. Das Wasser des Flusses hatte das Land untergraben, das mit einem Mal einbrach und alles hinabstürzen ließ. Er sah sich selbst stürzen, den Schlüssel umklammernd, bis er in eben dieser Halle landete, in der er sich nun befand. Er dachte seinen Gedanken von damals: Nie wieder soll dieses Wasser Unheil anrichten, es soll eingesperrt bleiben im Kessel, den es selbst gegraben hat. Er versperrte den Ausfluss und legte den Schlüssel sorgsam unter einen weitab gelegenen Felsen. Dort verharrte er und wartete, bis Hunger und Durst ihn hinweggerafft haben würden.

Mit einigem Grausen erwachte der Gefolgsmann des Königs aus seiner Reise durch die Zeiten. Noch ehe er sich Gedanken machen konnte, was wohl geschehen könnte, wenn das Wasser wieder befreit wäre, war er umringt von den Wassergeistern, die ihr Reich zurückforderten. Er schilderte ihnen seine Bedenken – noch war nur er in der Lage, den Fluss zu befreien, womit er auch seine achte Aufgabe gelöst hätte, um seine Reise zur Burg der Dreizehn fortzusetzen. Was wog schwerer – den Auftrag erfüllen oder mögliche Katastrophen verhindern?

Die Wassergeister beruhigten ihn rasch. Er hatte keinen Tropfen verschüttet, die Wasserdämonen blieben gebannt, und der Ausfluss ließ nur eine begrenzte Menge Wasser hindurch, sodass die Wucht der Emotionen, die mit dem Fluss sich in die Landschaft und in die Gemüter der Menschen, die dort lebten, in erträglichen Portionen befreit würden. Und es waren ja auch erfreuliche Gefühle darunter. Die Traurigkeit allerdings, die würde einige Menschen treffen, doch dies sei Teil des Planes, denn im Tal der Acht sollte besonders die Akzeptanz jeglichen Geschehens und jeglicher Geisteshaltung geübt werden. Mit gemischten Gefühlen suchte der Reiter nun nach dem Felsen, der den Schlüssel verbarg. Den fand er auch umgehend, er war aus einem fremden Werkstoff gefertigt, gläsern und durchsichtig aber hart und unzerbrechlich wie edles Metall. Damit berührte er die begrenzende Felswand, die sich allmählich öffnete und das aufgestaute Wasser ins Freie entließ. Auch der Reiter konnte auf diesem Weg wieder aus dem Berg hinaus. Draußen wartete sein vierbeiniger Begleiter, die Stute an seiner Seite. Diese brachte sie umgehend zu ihrer Reiterin, die nun selbst einem fließenden Gewässer ähnelte und dem jungen Mann für seinen erfolgreichen Einsatz dankte. Das Tal füllte sich allmählich mit den neuen Fluten und die Natur begann sich zu regen. Der junge Held malte sich die künftige Vegetation nur kurz aus, denn nun war es Zeit für den Abschied, um zum neunten Fluss weiter zu ziehen.

Salomonische Lösungen und die chaotische Ordnung der Acht

Dass der Held in einer Welt ähnlich Atlantis oder Lemurien oder sonst einer untergegangenen Kultur seiner Geschichte begegnet, verweist auf eine der Zuschreibungen zur Acht. Denn vor allem Augustgeborene sind laut Zahlenkabbala »alte Seelen«, das bedeutet, sie haben bereits sehr viele Inkarnationen bzw. Inkarnationszyklen auf der Erde verbracht. Zu diesem Thema verweise ich auf *Varda Hasselmanns & Frank Schmolkes* Werke, insbesondere auf *Junge Seelen – Alte Seelen*. Man muss nicht daran glauben, um diese Bücher interessant zu finden, ich finde aber, die Informationen sind es jedenfalls wert, als eine vieler möglicher Wirklichkeiten in Erwägung gezogen zu werden. Grob gesagt, verbringt jede Seele eine Anzahl von – laut Hasselmann – etwa einhundert Inkarnationen auf der Erde. In dieser Folge altert sie, so wie ein Mensch ebenfalls altert. Das heißt, es gibt pubertierende Seelen, reife oder gar senile. Auch wenn im Allgemeinen den alten Seelen mehr Einsicht und somit Weisheit nachgesagt wird – zumindest gehört diese Eigenschaft zum Spektrum der Acht –, ist es durchaus möglich, dass diese Menschen anderen als chaotisch, unberechenbar oder eigenwillig erscheinen. Meine Erfahrung aber lehrt mich, dass die Energie der Acht für die Begabung sorgt, ein Problem, eine Fragestellung, einen Konflikt aus der Übersichtsebene betrachten zu können und danach die für die Sache an sich beste Entscheidung zu treffen. Der weise Richter, wie er mit der berühmten Geschichte des Königs Salomon und den um das Kind streitenden Müttern dargestellt wird, ist die bestmögliche Wirkung der Acht. Es geht jedenfalls um diese Form der Gerechtigkeit, die Achtermenschen ein so starkes Anliegen ist, dass sie sogar in Kauf nehmen, sich unbeliebt zu machen. Sie bleiben sich selber treu, Opportunismus ist jedenfalls nicht ihre Entscheidungsgrundlage. Sie biedern sich nicht an; wo sie nicht verstanden werden oder ihre Führungsambitionen nicht willkommen sind, werden sie auch nicht Teil der Gruppe, lieber gehen sie ihre eigenen Wege, zu denen sie ohne Abstriche stehen können. Die Acht braucht die anderen tatsächlich nicht, sie hat die Kraft zur Selbstheilung. Das hindert sie nicht, sich unverstanden zu fühlen. Denn sie verstehen ja die anderen. Doch nicht auf der *Entweder-ich-oder-du*-Ebene, sondern eben aus der erwähnten Gesamtsicht. Das ist freilich der Idealzustand, auf dem Weg dorthin gibt es viele Abstufungen. So können sich etwa manche Achtermenschen schwer entscheiden, weil eben für jede angedachte Lösung etwas spricht und etwas anderes dagegen. Dies ist freilich das Dilemma bei jeder Art von Entscheidung, auf irgendetwas anderes muss verzichtet werden. Deshalb hat sich in den vielen Jahren, in denen ich Menschen unterstütze, indem ich ihre Geburtszahlen, ergänzend auch Namen numerologisch analysiere, gezeigt, dass es insbesondere Entscheidungsfragen sind, weshalb jemand sich an mich wendet. Denn indem ich verstehe, welche

Lernaufgaben mich in bestimmte Situationen bringen, welche Themen ich mit einem Partner/einer Partnerin zu lösen habe, klären sich viele Fragen und die Konsequenzen der einen wie der anderen Handlung werden deutlich. Übrigens sind es beileibe nicht nur karmische Lasten, die durch die Zahlen erkennbar werden, auch hilfreiche Energien, quasi »Belohnungen«, begleiten uns und werden durch Zahlen wie die bereits beschriebene Einundzwanzig erkennbar.

In diesem Buch gehe ich zwar nur auf die für ungeschulte Leserinnen und Leser nachvollziehbaren Zahlenzuordnungen ein, doch im Gesamtbild, das sich aus der Aufschlüsselung des Datums ergibt, finden sich auch Häufungen von Zahlen. Wenn also jemand gleich mit mehreren Achtern im Zahlenbild *gesegnet* ist – und ich meine das in beiderlei Deutungssinn, also sowohl vorteilhaft bedacht wie herausfordernd – tendiert er oder sie fast immer zum Chaos. Die Acht, die Verdoppelung der Vier, nennt sich auch die »große Ordnung«, also die bereits beschriebene Gesamtsicht. Mit Details hält sich die Acht nicht auf. Da sie eher für eine Führungsposition geeignet ist, delegiert sie diese gerne. Dumm wird es nur, wenn die Person meint, dass sie es könne, im Chaos versinkt, aber andere nicht Ordnung schaffen lässt. Finden sich allerdings Vierer gemeinsam mit Achtern im Zahlenbild, dann können das tatsächlich Organisationsbegabte und auch ordentliche Menschen sein. Solche Zuordnungen sind insbesondere dann gut zu wissen, wenn es um Bewerbungsentscheidungen geht. Etliche Unternehmen schätzen diesen ergänzenden Ansatz und fragen mich diesbezüglich, selbstverständlich anonymisiert. Da aber die Bandbreite der Ausdrucksformen sehr weit ist, wäre es gefährlich, nur auf Grund des Geburtsdatums, oder, noch mehr, auf Grund bestimmter Zahlen, jemanden für einen Job als ungeeignet einzustufen. Aber Grundtendenzen lassen sich gut ablesen, und vor allem, wie jemand das Team ergänzt.

Akzeptanz und Toleranz, das sind die Top-Lernthemen der Acht. Ein Teil einer Partnerschaft zu sein ebenfalls. Denn alleine lebt es sich ja auch ganz gut. Die Acht bedeutet, von ihr Geprägte sind machtgewohnt, doch wahres Herrschen bedeutet Dienen. Echte Führungsfähigkeit setzt voraus, dass man sich selbst führen kann, dann ist man authentisch und begegnet den anderen auf Augenhöhe. Ich erinnere: Wir sind alle begrenzt, jede*r auf ihre/seine Weise. Durch die gegenseitige Ergänzung entsteht Qualität, ein Ganzes. Das darf jeder Achter lernen und vor allem akzeptieren. Und mit diesem Stichwort sind wir bei der Voraussetzung für:

Die Wunscherfüllungskraft der Siebzehn

Die Siebzehn gehört zu den oben erwähnten »Belohnungen«. Sie bedeutet, dass Schutz und Unterstützung durch die sogenannten höheren Mächte besonders wirksam sind. »Wünsche und Hoffnungen erfüllen sich« – und hier ist der Knackpunkt. Denn das Verständnis der Achterthemen ist die Voraussetzung, damit es tatsächlich klappt. Deshalb begegnen mir immer wieder Menschen, die zwar an einem 17. geboren sind, dennoch unzufrieden sind, viel zu nörgeln haben bis hin zu einem wirklich schweren Schicksal, wie zum Beispiel eine Klientin, die seit der Kindheit, bedingt durch Fehlbehandlungen, eine extrem furchige und entstellende Gesichtshaut hat und darunter leidet, keinen Partner zu finden. Sie hat einen interessanten und abgesicherten Beruf, ist finanziell versorgt und findet auch immer wieder Menschen, die ihr zur Seite stehen, doch ihre Wahrnehmung ist dominiert von ungestillten Sehnsüchten, was zu tatsächlichen Süchten geführt hat. Die Schutzengel, die durch die

Siebzehn symbolisiert werden, haben bei ihr nur wenig Chancen, wahrgenommen und bedankt zu werden.

Der Hang zum Philosophieren, der bereits bei der Sieben angesprochen wurde, wird mit der Siebzehn idealerweise harmonisch (8) zur Vollendung gebracht. Der Schlüssel, um die Glücksenergie der Siebzehn entsprechend unaufwändig zu empfangen, liegt in der Sieben, die in ihr mit der Eins gekoppelt ist. Das Ich im Rhythmus, also im Einklang mit seiner Umwelt und allem, was es umgibt, braucht nicht zu tun, sondern nur gelingen zu lassen. Klingt einfach, ist es auch, nur funkt das besserwisserische Ego gern dazwischen. Wer das begriffen hat, der hat schon halb gewonnen, der geschenkte Sieg – die Sieben – ist ihr oder ihm sicher.

Und wie gelingt die Partnerschaft?

Achterpaare können viel voneinander lernen, Zweier mit Sechsern ebenso wie zwei Vierer oder Fünf plus Drei. Lernen bedeutet immer, dass man einer Herausforderung begegnet – egal ob erfolgreich oder scheiternd, gelernt hat man daraus in jedem Fall. Dementsprechend sind Partnerschaften mit der Lebenszahlensumme acht kein Honiglecken. Doch das Potenzial, über die gegenseitige Akzeptanz (trotz Unverständnis) zur Einsicht und damit zu Weisheit zu kommen, ist groß. Abgeklärtheit ist ein anderes Wort für diese gelassene Grundhaltung. Sie entspricht dem Bedürfnis nach Harmonie, das der Acht generell eigen ist. Auch hier gilt: je mehr – und vor allem verkrampfter – ich danach strebe, desto öfter werde ich enttäuscht. Annehmen, wirken lassen, die andere Wahrheit als ebenfalls mögliche anerkennen, das ist das Rezept für friedvolles Gelingen. Mit meinem langjährigen Expartner verbindet mich eine tiefe Seelenliebe und

Freundschaft, dennoch geraten wir bei bestimmten Themen nach wie vor aneinander. Da hilft nur unser Standardsatz: »In meiner Welt ...« Das bedeutet, es gibt auch *deine* Welt, und die schaut ganz anders aus. Die Vielfalt zeichnet unser Dasein aus, macht es spannend, immer wieder aufregend und leider auch verärgernd – vor allem die Welten der Politik. Womit wir bei der Macht sind, die ebenfalls zur Acht gehört. Mit ihr muss sorgsam umgegangen werden, besonders in einer Partnerschaft.

Ein wenig leichter gelingt das mit der Siebzehn, je nach Zusammensetzung unterschiedlich gewichtet. Sieben und Zehn verhalten sich konsequenterweise zueinander anders als Acht und Neun. Doch die Chance, dass es harmonisch verläuft, ist recht groß, ideal für ein Philosoph*innenpaar, für weniger Ruhe Suchende eventuell mit der Zeit etwas langweilig. Das ist der Reiz an Auseinandersetzungen, da gibt es Action, Höhen und Tiefen, Spannung pur, Tränen und leidenschaftliche Versöhnungen – wozu dann noch ins Kino gehen?

Doch auch zu der Siebzehnervision einer harmonischen Partnerschaft im Gleichklang gibt es Gegenbeispiele, denn durch uns wirkt, wie bereits mehrfach betont, nicht nur die Energie der Lebenszahl. Der Teufel steckt im Detail, wie wir seit Generationen gebetsmühlenartig wiederholen. Deshalb bestätigt sich nach wie vor die Regel. Ein Mantra wirkt, besonders, wenn es negativ ist.

Wenn Sie aber zu denen gehören, die Acht, Neun oder Zehn als Lebenszahl haben, nützen Sie doch diese Chance auf eine Siebzehner-Partnerschaft, genießen Sie die gemeinsame Schutzengelenergie und werden Sie gemeinsam weise. Wer nicht dazu gehört, der kann alternativ den Weg der Neun beschreiten, so wie im folgenden Märchen unser Reiterheld.

GEHEIME BOTSCHAFT

Der junge Reiter, der sich aufgemacht hatte, für das Königspaar herauszufinden, wie sie endlich Eltern werden könnten, ritt erneut dahin. Sein Pferd war diesmal etwas widerspenstig, wäre es doch gerne bei der schönen Stute der achten Weisen Frau geblieben. Doch mit jedem Hufschlag wurde sein Reiter innerlich ungeduldiger, es drängte ihn, anzukommen. Er konnte sich diese große Unruhe nicht erklären, er war ja bisher sehr erfolgreich gewesen, nun galt es bereits, die neunte Aufgabe zu meistern. Er ahnte, dass am neunten Fluss etwas ganz Besonderes auf ihn wartete, und mahnte seinen vierbeinigen Gefährten zur Eile. Die Landschaft hatte sich zur weiten Ebene geöffnet, wilde Sträucher, von allerlei Getier bevölkert, beherrschten das Bild. Es war eine äußerst lebendige Umgebung, alle eilten irgendwohin, nur selten an einem Platz verweilend und auch dann nur für einen Augenblick, um erneut weiter zu eilen. Je länger er ritt, desto dringlicher wollte er ankommen. Einige der Tiere der Buschsteppe waren seinem Ritt gefolgt und als er schließlich den neunten Fluss erreicht hatte, war eine bunte Horde größerer und kleinerer Vierbeiner mit ihm angekommen. Alle blickten erwartungsvoll zunächst auf den Fluss, der aus mehreren Bächen zusammenzufließen schien, den Boden des Flussbettes knapp bedeckend. Opalfarbig leuchtete die glitzernde Oberfläche des Gewässers, das mit kräuselnden Wellen um die Kiesel herumtänzelte. Nach einer Weile blickten die Tiere ebenso erwartungsvoll auf ihn, dessen Ruf ihm mittlerweile vorauseilte. Er hatte eine der Weisen Frauen, die Tochter der Erdwächter und zuletzt einen der dreizehn Flüsse befreit, sein Herz geöffnet und sich mit der Natur verbunden. Er verstand die Sprache der Tiere, hatte vom Wasser des Wissens getrunken und ein Stück goldenen Apfel gegessen. Was würde ihn nun erwarten? Kaum hatte er diesen Gedanken zu Ende gedacht, da tauchte sie auf, die neunte der Weisen Frauen. Sie war in Schleier gehüllt, die den Farbton des schillernden Flusses in sich trugen und träumerisch blickte sie eher durch die Angekommenen hindurch als sie an. Dennoch sprach sie direkt zu ihm, mit diesem merkwürdig hindurchschauenden Blick, der gleichzeitig alles, selbst seine Eingeweide, wahrzunehmen schien.

»Ich grüße dich! Wie mir meine Schwestern berichteten, konntest du deine bisherigen Aufgaben sehr zufriedenstellend meistern, nun ist für dich der Moment gekommen, das Geheimnis der Neun zu ergründen. Wähle dreimal drei Steine aus dem Uferschotter des neunten Flusses, danach gehe den Flusslauf dreimal neun Schritte hinauf. Dort erhältst du weitere Anweisungen.«

Er war erleichtert. Diesmal gab es präzise Anweisungen, das entsprach seinem Wesen, denn als Mitglied der Gefolgschaft des Königs war er gewohnt, Befehle auszuführen. Endlich musste er nur tun, was ihm aufgetragen wurde. Umgehend ging er zum Flussufer, um die gewünschte Steineanzahl aufzuheben. Doch bereits hier wurde seine Erwartung enttäuscht. Es gab hier tausende, ganz unterschiedlich große und gefärbte Exemplare. Die Weise Frau hatte ihm keine Anweisungen zu Größe und Farbe gegeben, und er hatte nicht danach gefragt. Nun war es wieder an ihm zu entscheiden, sich hineinzufühlen, welche die geeignetsten sein würden. Würde es helfen, ein paar mehr mitzunehmen, falls einige nicht passen sollten? Oder wäre gerade das der Fehler, mit dem die Magie der dreimal drei zerstört würde? Er erinnerte sich an die Stimme seines Herzens, nahm einen Schluck Wasser des Wissens und machte sich ans Auswählen.

Es sollten die werden, die ihm als Erstes auffielen. Der erste war ein ziegelroter, etwa faustgroß. Er schmiegte sich gleich in seine Hand, als wäre er immer schon darin gewesen. Das fühlte sich gut an, machte ihn sicher und ohne zu zögern wählte er weitere Steine, unterschiedlich groß und gefärbt. Auch ein beinahe glasklarer war darunter, kleiner als die anderen, aber umso strahlender. Schließlich hatte er die neun Steine seiner Wahl beieinander und begann, dem Flusslauf entgegenzugehen. Die gekräuselten Wellen schienen in Eile, sie plätscherten in der Gegenrichtung munter dahin. Sie ergaben ein äußeres Bild seiner immer noch brodelnden inneren Unruhe, die ihn zum eiligen Weitergehen drängte. Fast hätte er vergessen, seine Schritte zu zählen, dreimal neun sollten es ja sein. Doch eine Libelle summte die Erinnerung – ja, selbst die Sprache von Insekten vermochte er zu verstehen – und so erreichte er sein Ziel gemäß der Anordnung. Ein Wicht wartete bereits auf ihn, und winkte ihm, ihm zu folgen. Weiter aufwärts ging es nun, dabei fiel ihm auf, dass der Wicht neun kleine Schritte machte für eine Strecke, die er selbst mit einem Schritt überwand. Doch für ein Gespräch war dieser nicht zu haben, er mahnte zur Eile und erneut bemerkte der Reiter dieses innere Drängen und sputete sich, dem Winzigwüchsigen zu folgen. Sie waren weit oberhalb des Flussbettes, als sie bei einem Höhleneingang anlangten. Dieser war rund und eng, der junge Mann musste sich hineinzwängen, der Wicht aber verabschiedete sich wortlos.

Im Inneren der Höhle nahm er ein von den Wänden abstrahlendes Leuchten wahr, wie er es noch nirgends gesehen hatte. Es schimmerte ähnlich opalhaft wie der Fluss, doch diesmal war es die glatte steinige Oberfläche der Höhlenwände. An ihnen herab hingen Wurzeln, die sich wie rankende Pflanzen die Wände entlangzogen und die Illusion einer dschungelartigen Landschaft erzeugten.

Staunend durchschritt er diesen Raum aus Wurzelgeflecht,

der sich nach einiger Zeit weitete und schließlich auch nach oben öffnete. Er sah über sich den Abendhimmel, rosiges Sonnenuntergangslicht beleuchtete die überwachsenen Wände, die in einem warmen, einladenden Gold schimmerten. Etwas abseits der Mitte, aber weit genug von den raumdefinierenden Wänden entfernt, erhob sich ein ebenfalls aus Erde geformter Thron. Darauf saß ein alter Mann, dessen langer Bart sich um den Sitz herumwand. Er schien in weite Fernen zu blicken, auch wenn ringsum nur Erde und Wurzeln sich den Augen preisgaben. Es musste also ein anderer Sinn sein, mit dem der Mann nur für ihn Sichtbares beobachtete. Vorsichtig näherte der Reisende sich diesem Einsiedler, der unbewegt, einer Skulptur gleich, dasaß. Nur an den Atemzügen war erkennbar, dass kein Kunstwerk, sondern ein lebender Mensch den Erdraum belebte. Der Junge entdeckte Vertrautes in den Zügen des alten Mannes, der ihn nach wie vor nicht wahrzunehmen schien. Und als er fast vor ihm stand. durchfuhr es ihn mit aller Macht. Da saß er selbst, viele Jahre älter als jetzt und beobachtete ihn, den jungen Mann, auf seiner Reise zu den dreizehn Weisen Frauen. Das sprengte das Vermögen seines Verstandes, rätselnd sank er nieder, um abzuwarten, ob nun Weiteres sich ereignen, ob er eine Erklärung erhalten würde. Da wandte sich sein Alter Ego endlich ihm zu, und sprach: »Die Weisheit ist das Ziel der Neun, doch viele Schritte sind zu ihr zu gehen. Viele Irrtümer begleiten dich auf diesem Weg, jeder ist wertvoll, denn so gelingt Lernen. Du wirst das Leben am eigenen Leib erfahren, und jeder Augenblick trägt dazu bei, dass du der Weisheit ein Stück näherkommst. Geduld ist das wichtigste Werkzeug auf dieser Wanderung, du wirst sie nötig haben, denn oft wird es dir nicht schnell genug gehen. Doch ist es sinnlos, Ergebnisse zu erzwingen, der Weg bleibt gleich lang, und wenn du zu sehr eilst, übersiehst du manche Schönheit am Wegesrand. Doch jede, auch die unscheinbarste Wahrnehmung, ist Teil des Gesamtbildes, nimm dir die Zeit, sie alle wirken zu lassen. Du hast noch viel davon, nütze sie gut.« Danach wechselte er wieder den Blick und richtete ihn in eine nur für ihn erkennbare Ferne.

Es war seine eigene Stimme, die in ihm wiederklang, jedes Wort prägte sich tief ein und er nahm sich fest vor, seinen eigenen weisen Rat zu befolgen. Die neunte war eine seltsame Aufgabe, dachte er noch, weder Rätsel noch Rettung, nur Aufmerksamkeit und Sich-Einlassen. Auch wenn er es nicht bemerken sollte, verbeugte er sich vor seinem Zukunftsbild – vielleicht würde er sich einst erinnern? Danach wandte er sich um und entdeckte einen Pfad, der die Krateröffnung hinaufführte. Bald war er oben angelangt und sah rundum den Berghang sich in Ebenen ergießen. Der neunte Fluss schlängelte sich unverändert opalfarben durch diese Landschaft. Eingedenk der Mahnung seines Alters bremste er sich ein, denn eigentlich wollte er so rasch als möglich dort hinabgelangen, um zum zehnten Fluss weiterzueilen. So aber zwang er sich, sehr bewusst Schritt vor Schritt zu setzen. Hier entdeckte er eine ihm bisher unbekannt gewesene Pflanze, dort und noch ein Stück weiter einige der Tiere, die mit ihm beim Fluss angekommen waren. Anerkennend nickten sie ihm zu, er hörte Bemerkungen wie »Ein gelehriger Schüler«, »Auf ihn können wir zählen«, »Der gefällt mir« und so weiter. Ein Lächeln machte sich in seinem Antlitz breit, die Tiere waren ihm ans Herz gewachsen und er freute sich wie in Kindertagen über deren Anerkennung. Eine ungekannte Leichtigkeit erfasste ihn, er meinte, über die Steine am Weg zu fliegen und fast wäre er wieder der Eile erlegen, da hörte er gerade noch rechtzeitig die Warnung des Hammels, dem er geraten hatte, die Führungsaufgabe mit seinem Artgenossen zu teilen. »Halt ein, verliere nicht den Boden unter den Füßen, ein Luftikus gelangt nicht bis zum Schloss der Dreizehn!« Ja, die Tiere, die waren der Erde verhaftet, er dankte dem verantwortungsvollen Leittier und setzte wieder seine Füße mit Kraft auf die Erde. Doch die

Ahnung vom Fliegen schwebte in ihm weiter, und ein Sehnen danach sollte ihn den Rest seiner Reise begleiten.

Schließlich langte er aber doch im Flusstal an, wo ihn die Neunte der Weisinnen mit einem Auftrag erwartete:»Nun kennst du dein Geheimnis – achte darauf, der zu werden, den du dort oben getroffen hast. Bei meiner Schwester am zehnten Fluss wirst du verstehen, warum das so wichtig ist. Bring ihr die neun Steine mit, sie wird wissen, was damit zu tun ist.«

Es war wirklich eine rätselhafte Station, doch durchaus anregend und angenehm. Auch wurde ihm erst jetzt bewusst, dass die Steine gar nicht zum Einsatz gekommen waren, mit ihrem Gewicht höchstens dafür gesorgt hatten, ihn vom endgültigen Abheben zu bewahren. Er war gespannt, zu welchem Ende sie bei der Zehn kommen würden und beeilte sich, weiterzuziehen. Sein Gaul wartete bereits und im Galopp ging es dahin, um im verdämmernden Licht eben noch den Weg zu sehen, denn die Finsternis der Nacht nahte bereits mit riesigen Schritten.

Mit vielen Schritten zur Weisheit der Neun

Es sind Schritte, und zwar einer nach dem anderen, den Menschen mit der Lebenszahl neun benötigen, um zu lernen und so dem Ziel ihrer Inkarnation, Weisheit zu erlangen, sich zu nähern. Sie brauchen praktische Erfahrung, müssen Informationen umsetzen und austesten – Bücher lesen ist nett, aber verinnerlicht wird das Vermittelte, wenn es durch die eigene Erfahrung erprobt wurde. Und weil so viele Schritte zu machen, so viele Erfahrungen zu sammeln sind, haben es Neunergeprägte meist eilig. Genauer gesagt, ist es ein innerer Druck, der sie zu ständiger Tätigkeit drängt, Stillsitzen und mit der Seele baumeln (ein einprägsamer Werbeslogan meiner Jugendtage) liegt ihnen gar nicht. Dabei ist die dazugehörige Tarotkarte *Der Eremit* Sinnbild der Weisheit und innerer Ruhe. Aber genau das ist das Ziel. Am ehesten schaffen es diejenigen, welche die durchgeistigte Qualität der Neunerenergie künstlerisch umsetzen. Sie bewirkt ein Talent, insbesondere zur Poesie, bekanntermaßen eine Gratwanderung zwischen Inspiriertheit und Suchtgefährdung. Denn Neunergeborene verlieren leicht den Boden unter den Füßen, ihnen fehlt die Erdung, die die Verdoppelung der Drei, die Sechs, mit der Materie verbindet. Dreimal Drei hingegen lässt abheben, auch unser Held ist davon beflügelt. Zigaretten und Fleisch sind erdgebundene, allerdings zweifelhafte Abhilfen, sie erden jedenfalls. Alkohol sorgt für die Illusion, dass die Dinge nicht so tragisch sind, wie sie scheinen, habe ich mir sagen lassen. Vermutlich nützen ihn viele Neuner dazu, sich, zumindest für die Zeit des Rausches, besser damit abfinden zu können, dass sie mit anderen Menschen klarkommen müssen, statt in der Entrücktheit der Eremitage zu verweilen, fern aller weltlicher Ablenkungen vom Geistigen.

Die Suchtenergie zeigt sich, besonders bei gehäuft im Zahlenbild vorkommenden Neunern, auch als Flucht in die Arbeit. Deshalb sind Neuner gerngesehene Mitarbeiter, denn sie sind ungemein fleißig. Das spießt sich allerdings, wenn auch eine Zwei im Zahlenbild vorkommt, dann gibt es sowohl den Hang zur Arbeit als auch den zur Faulheit (so wird das genannt, statt Entschleunigungsenergie, die unserer Gesellschaft eigentlich sehr guttäte). In einer experimentellen Systemaufstellung, bei der Repräsentanten für die Zahlen gewählt wurden, erlebte ich diesen inneren Konflikt der Aufstellenden. Das Verhältnis zwischen ihrem Geburtstag Neun und der Lebenszahl Zwei entpuppte sich als innerer Spannungsbogen, der sie mehr als herausforderte. Die Lösung lag bei den Eltern. Wie diese wahrgenommen werden und welchen Einfluss sie auf die Persönlichkeit haben, kann ebenfalls aus dem Zahlenbild abgelesen werden, ebenso wie frühkindliche Prägungen und Aufgaben, die aus dem Familienkarma mitgenommen werden und aufgelöst werden dürfen.

Die Lösung, um aus der Sucht auszusteigen, ist die *tätige Weisheit*. Statt nach mehr von ihr zu streben, bis der Druck nicht mehr aushaltbar ist, das bereits Verinnerlichte in Taten einfließen lassen. Geduld ist ein Fremdwort für Neunerbestimmte, und gleichzeitig ihre Lernaufgabe. Entwicklungen ihre Zeit lassen, innerlich ruhig werden, auch mal sitzen bleiben, all das braucht wiederholte Übungseinheiten. Wenn Ihre Lebenszahl Neun ist, werden Sie vor allem geduldig mit sich selbst! Schon fünf Minuten innehalten ist ein Erfolg. Für die Eiligen gibt es die Technik der Ein-Minuten-Meditation, auch diese ist empfehlenswert. Ein Kombipack erhalten Sie, wenn Sie sich für alles Irdische bedanken. Für Ihr Heim, ein eben getätigtes Schnäppchen, Ihren Erfolg, eine nette Begegnung oder was sonst noch gerade dazu beiträgt, Ihre Stimmung aufzuhellen. Das erdet erstens – weil der Bezug zur Materie hergestellt wird – zweitens hebt es nachweisbar das subjektive Glücksempfinden und zwar dauerhaft. Dadurch fühlen Sie sich von Mal zu Mal glücklicher, so potenziert sich – drittens – Ihr Wohlbefinden. Und keine Angst, das wird nie zu viel!

Neun bedeutet auch 3 x 3, Drei, Sechs und Neun stehen in Beziehung zueinander, eben als Vervielfachung. Für die Neun bedeutet das auch, dass Sprache mit Weisheit genutzt werden soll – vorher denken, dann reden. Oder eben schreiben. Für eine Neun kann es durchaus hilfreich sein, besonders im Konfliktfall, die Für- und Wider-Überlegungen zunächst zu verschriftlichen, um sich innere Klarheit zu verschaffen.

Die Fünf ignoriert Gesetze, die Neun macht sich ihre eigenen. Eben auf Grund der praktischen Erfahrung werden

Normen und standardisierte Regeln genauestens überprüft und der eigenen Ethik entsprechend erneuert. Im Gegensatz zur Fünf, die gerne mal über die Stränge schlägt und bewusst Regeln ignoriert, braucht die Neun diese, aber eben von ihr bestimmte.

Bevorzugt ein Neuner-Mensch das Eremitendasein und konnte zumindest eine Portion Weisheit gewinnen, soll diese mit anderen geteilt werden. Also eher nicht beschaulich mit der Laterne einsam spazieren gehen, sondern, das Licht auch für andere strahlen lassen.

Neun-Kräutersuppe und andere segensreiche Neunermischungen

Die besondere Stellung der Neun innerhalb der einstelligen Zahlen – Mathematiker können dazu allerlei Besonderheiten auflisten – wurde auch in die Kräuterwahl aufgenommen. So kann in der Zeit zwischen großem und kleinem Frauentag (15. August – 8. September) ein Heilstrauß gebunden werden. Eine Auswahl von neun Kräutern aus diesen Kräuterpflanzen soll getroffen werden: Alant, Arnika, Baldrian, Beifuß, Bibernelle, Eisenkraut, Frauenmantel, Goldrute, Holunderblätter, Huflattich, Immergrün, Johanniskraut, Kamille, Klee, Königskerze, Liebstöckel, Maßliebchen, Odermennig, Pfefferminze, Rainfarn, Raute, Schafgarbe, Salbei, Speik, Tausendgüldenkraut, Thymian, Wacholder, Wegwarte, Wermut, Wiesenkopf, Wiedertot (Frauenhaar). In der Mitte muss jedenfalls eine große Königskerze sein. Sowohl über diese Periode, in der die Kräuter dreifache (3!) Wirkung haben sollen, als auch über den in der obigen Liste aufgezählten Speik habe ich in meinem Raunachts-Koch-Lesebuch berichtet. Auch auf meiner Webseite *creativestories.eu* können Sie zum Speik ein wenig nachlesen (weiterklicken auf die zweite Seite). Doch schon ein wenig früher, zur Zeit der Sommersonnenwende, an Johanni, wurden neunerlei Kräuter gesammelt. Unters Kopfkissen gelegt sollen sie eine träumende Zukunftsschau ermöglichen.

Am Gründonnerstag wiederum wurde eine Suppe aus den ersten Kräutern des Frühlings gegessen, auch hierfür mussten es neun verschiedene sein. Denn 3×3 galt im Volksglauben als Symbol des Göttlichen, die Neun wurde damit zur *heiligen Zahl*. Zwei Tage danach wurde das Osterfeuer entzündet, neun verschiedene Hölzer gaben dabei dem Feuer Nahrung: Pflaume, Apfel, Birne, Buche, Wacholder, Eibe, Hasel, Fichte und Weide. Die Asche dieser Feuer wurde auf den Feldern verteilt und den Kindern ins Gesicht gerieben.

Nebel und Sehschwäche – warum die Achtzehn besser mit dem Körper sieht

Glaube und Aberglaube sind nicht nur namensverwandt. Beide jedenfalls werden angezweifelt, wer aber daran glaubt, ist überzeugt von dieser Wahrheit. Damit leite ich über zur letzten der schwer mit Karma aufgeladenen Zahlen, mit der diese Altlast aber auch gleich abgeschüttelt werden kann. Denn von der Achtzehn spricht die Zahlenkabbala als *Beendigung des Karmas*! Damit das gelingt, ist allerdings einiges auszuhalten. Die Karma»schuld« der Achtzehn sind Betrug und Intrigen. Damit ist gemeint, die Seele konnte einst – um zu lernen – den verübten Betrug, die Verleumdungen oder Ränkespiele zum Schaden anderer nicht wiedergutmachen. Nunmehr inkarniert sie z.B. an einem Achtzehnten, um am eigenen Leib zu erleben, wie sich Betrug und Intrige anfühlen. Leib ist dabei ein wichtiges Wort, denn im Körper liegt auch das Talent der von der Energie der Achtzehn Geprägten. Was die Augen nicht sehen, »sieht« der Körper. Doch weil in ihrem Weltbild die Falschheit und deren Folgen dominant sind (auch wenn das nicht bis ins bewusste Denken vorgedrungen ist), ist die Erwartungshaltung eher negativ, dementsprechend bezieht sich ihre Hellfühligkeit eher auf unangenehme bis problematische Entwicklungen, auf das, was geschehen kann, wenn ... Als Bild dafür dient mir der Protagonist des Romans *Der Medicus*. Er wird als junger Mann geschildert, der die Gabe hat, wenn er die Hände eines Menschen in seine nimmt, denjenigen zu erkennen, der bald sterben muss. Das ist freilich ein Extrembeispiel und es handelt sich um eine Romanfigur, aber durchaus realitätsnah. Diese Gabe bringt ihn allerdings auch sehr weit, weil ihn die Heilkunde so begeistert, dass er in eine neue Identität schlüpft, um im Orient Heilkunde zu studieren, statt weiterhin als Quacksalber von Dorf zu Dorf zu reisen.

Zurück zur Achtzehn. Abgesehen vom Talent des Hellfühlens haben diese Menschen ähnlich wie die Fünfzehn starken Bedarf nach Körperkontakt. Sexualität werten sie allerdings sehr ambivalent. Einerseits ist der Sexualakt ein Weg, um zu Energie zu kommen und sich selbst und die eigenen Grenzen zu spüren, andererseits erscheint sie hinterher als schmutzig oder zumindest als abzulehnen. Wie diese Problematik gelebt wird, ist extrem unterschiedlich – vom intensiven Sexualleben bis hin zur absoluten Askese ist mir bereits alles untergekommen. Beispielsweise eine Klientin, die mit ihren damals 42 Jahren noch nicht einmal geküsst worden war. Sie sehnte sich nach Partnerschaft und Körperkontakt, gleichzeitig war die Angst vor Verletzung riesengroß. Eine andere litt darunter, dass sich der achtzehnergeprägte Lebensgefährte ihr zumeist verweigerte. Fast alle von der Energie dieser Zahl mitbestimmten Menschen, mit denen ich mich austauschen konnte, sind von Betrug bzw. Intrigen betroffen. Wobei das über das übliche Maß hinausgeht, denn jeder Mensch begegnet irgendwann mal einem anderen, der ihn hintergeht. Ich spreche also von gehäuften Vorfällen, wenn jemand immer wieder betrügerischen Vorfällen unterworfen ist. In der Korrekturphase des Manuskripts wandte sich eine Zuhörerin einer Lesung an mich, sie hatte ihre langjährige und sie begeisternde Führungsposition gekündigt, weil das Bossing unerträglich geworden war. Sie ist an einem 18. Oktober geboren, ihr ehemaliger Boss ebenfalls. Der Spiegel war ihm offenbar zu unangenehm, insbesondere, dass sie bei den Mitarbeitern beliebter war. Sie hat ihre Chance, Karma zu beenden, ergriffen und befindet sich in einer Neuorientierungsphase. Nach dreizehn (!) Jahren intensivster Berufstätigkeit kann sie endlich zu sich finden. Übrigens kennt auch sie die zwei Qualitäten, Arbeitsdrang und Faulheit, denn in ihrem Zahlenbild finden sich zwei Neuner und zwei Zweier. Zu hören, dass dies ein Teil ihres Wesens ist und sie diese Ruhephasen brauche und sich daraus keine Gewissensbisse kreieren solle, hat sie merklich entspannt. Auch sie machte ich auf das oben geschilderte Talent des Körpers und seiner Hellfühligkeit aufmerksam. Denn um aus den alten Mustern auszusteigen und damit das Karma aufzulösen, ist es immens hilfreich. Betroffenen rate ich immer, sich auf die Gefühle ihres Körpers einzulassen, sich auf dieser Ebene tiefgehend kennenzulernen. Und anzunehmen – Sie erinnern sich, die Aufgabe der Acht! Die in allen Zehnerzahlen mitschwingende Energie der Eins, also die Dominanz des Egos und seines Willens, paart sich im Fall der Achtzehn mit der Achterambition, Macht auszuüben. Eine Konstellation, der nur mit Willensstärke begegnet werden kann. Homöopathische Selbstheilung sozusagen, die Fähigkeit der Acht zur Selbstheilung wirkt ebenfalls mit.

Sämtliche Aktivitäten, in denen Körpereinsatz und Kennenlernen der persönlichen Grenzen und Vorlieben gefragt sind, unterstützen auf diesem Weg. Besonders empfehlenswert finde ich *Authentic Movement*, eine auch für Laien durchführbare Tanzform, bei der man sich mit geschlossenen Augen auf die Impulse des Innenlebens einlässt. Diese bestimmen die Bewegungen, die keinerlei Regeln folgen, außer eben den ureigenen innersten Antrieben. Die oftmals überraschenden Erfahrungen können anschließend mit einem Zeugen geteilt werden, wobei dies nicht zwingend ein anderer Mensch sein muss, auch die Natur kann Zeugin sein, um nur ein Beispiel von vielen möglichen zu nennen. Allerdings hat es schon eine besondere Qualität, besonders für Achtzehner-Beeinflusste, zu hören, wie der bewegte Ausdruck wahrgenommen wurde. In diesem Fall erzählt zuerst der/die Bewegte, was sich abspielt – obwohl im Anschluss, wird ausschließlich in der Gegenwart erzählt – danach der/die Zeug*in. Wenn Assoziationen geschildert werden, die durch die Bewegungsabläufe ausgelöst wurden, wird der Zusatz »in meiner Geschichte« vorangestellt. Auf diese Weise können beide, Beweger*in ebenso wie Zeug*in frei vom Gefühl der Beurteilung bereichernde Erfahrungen machen, vor allem aber den eigenen Körper und seine Wahrnehmungen neu kennenlernen. *Sabine Parzer,* meine Lehrerin für *holistische Tanz- und Bewegungspädagogik* leitet laufend Seminare und Ausbildungszyklen an, in denen *Authentic Movement* ein elementarer Themenbereich ist.

Diejenigen, die beim Lesen meiner Beschreibungen der Zahlenqualitäten das Gefühl bekommen: »Was hab' ich mir da ausgesucht?!« möchte ich mit den aus der Erinnerung zitierten Worten des Reinkarnationsgurus *Trutz Hardo* aufmuntern: »Seid froh, wenn ihr viel Karma aufzuarbeiten habt, dann bleibt für das künftige Leben nicht mehr viel über. Wer bis dahin nicht warten will, der kann aber schon das Jetzige genießen lernen. Wesentliches Hilfsmittel dafür ist, sich selber zu vergeben, für vergangenes Unrecht ebenso wie für zukünftiges. Denn das übersehen wir allzu gerne, auch Handlungen, die in der irdischen Zeitlinie in der Zukunft liegen, wirken im ewigen Jetzt der Seelenexistenz. Die zweite Übung wäre, wie bereits erwähnt, konsequent die erfreulichen Erlebnisse dankbar zu registrieren, sich des Glücks, das einem gerade widerfahren ist, bewusst zu sein. Damit ändert sich die Erwartungshaltung, entsprechend andere Erfahrungen ziehen wir dann an. Ich möchte Sie in diesem Buch nicht damit aufhalten, zu erörtern, ob, dass und warum die erwähnten energetischen Maßnahmen wirken, aber jahrelange Erfahrung hat es mir jedenfalls bestätigt. Und wie zu Beginn des Buches angemerkt: Die Wirkung, die ich erfahre, ist für mich das, was zählt, nicht die naturwissenschaftliche Belegbarkeit. Denn umgekehrt: Was habe ich von der Prozentzahl derer, die so oder anders handeln, was davon, zu erfahren, wie viele Proband*innen von xy berichten können – immer unter lebensfernen Laborbedingungen und Versuchsanordnungen –, wenn ich selbst ganz anders reagiert hätte? Wie vielen Märchen schenken wir Glauben, nur weil sie von offiziell anerkannten Autoritäten stammen oder in Medien stehen, die wir gemeinhin als vertrauensvoll betrachten? Da finde ich Rückmeldungen von Klientinnen und Erfahrungsberichte von Kolleginnen schon wesentlich aussagekräftiger.

Deshalb mein Tipp für Achtzehner-Beschenkte: Denken Sie bei jeder Unbill: Danke, wieder Karma abgetragen. Lernen Sie, Ihre Körperlichkeit zu genießen, entdecken Sie deren Potenziale und beschließen Sie, das Leben freudvoll zu erfahren. Wenn's dann mal nicht so klappt: siehe oben.

Damit schwenke ich gleich über zu den Neuner- bzw. Achtzehner-Partnerschaften. Denn in beiden Fällen gibt es einiges zu beachten.

Neun und Achtzehn – der Spiegel im Du

Wer z.B. mit der Lebenszahl Vier sich in eine Person mit der Lebenszahl Fünf verliebt, sollte darauf achten, dass der gegenseitige Druck nicht ausartet. Denn ein Zuviel an (vermeintlicher) Liebe, oder eher zu viel an Fürsorge oder gar Erwartung belastet. Ich erinnere: Liebe ist ein Kind der Freiheit. Und 3×3 = 9. Das Bedürfnis nach Freiraum wirkt dreifach. Im Arbeitskontext ist das Thema gegenseitiger Druck vielleicht nochmal wichtiger, denn wer sich liebt, verzeiht leichter – wenn die Arbeitskollegin aber Stress macht, dann ist es mit der Toleranz schon schlechter bestellt. Auf Dauer ist es in beiden Fällen nicht beziehungsförderlich. Achten Sie, wenn Sie Probleme mit andern haben, immer auf das eigene Verhalten. Was spiegelt mir das des anderen, sehe ich diese Eigenschaft bei mir nur nicht oder lebt dieser Mensch eine Stärke, die ich mir selber nicht erlaube, auszuleben? Denn auch dieses Muster gibt es, es ist reine Vermeidungsgewohnheit, um mögliche negative Auswirkungen zu umgehen. Es ist das Unterbewusstsein, das uns dabei steuert, das heißt, im Normalfall fällt es uns nicht auf. Fragen Sie daher – nicht nur, aber gerade im Konfliktfall – wie Sie auf Ihr jeweiliges Gegenüber wirken, die Antwort kann sehr erhellend sein. Vielleicht nicht immer angenehm, aber Sie erhalten damit ein unbezahlbares Werkzeug für die eigene Entwicklung. Es sind dann auch scheinbar für unmöglich gehaltene Veränderungen möglich. Eine meiner Klientinnen konsultierte mich einige Monate vor der geplanten Hochzeit. Sie wollte explizit auch die möglichen Hindernisse wissen. Sie kannte ich bereits persönlich, von ihrem Bräutigam und dessen Familie erhielt ich die Geburtsdaten. Meine erste Frage während unseres Telefonats (auch das ein Vorteil dieser Methode, selbst über große Distanzen hinweg kann ich diesen Dienst anbieten) war: »Hat er das Problem mit seiner Mutter bereits ge-

löst?« Damit hatte ich bereits des Pudels Kern angesprochen.
Aber abgesehen von der schwierigen Beziehung zwischen
Mutter und Sohn oder besser, gerade dessentwegen, war die
Schwiegermutter zu ihr so herrisch und ständig kritisierend,
dass es zur heftigen Auseinandersetzung mit anschließen-
der Kommunikationslosigkeit zwischen den beiden Frauen
gekommen war. Wir besprachen die Hintergründe, die ich
den Zahlen aller Beteiligten entnehmen konnte und ich gab
einige Tipps auf dieser Basis. Einige Wochen danach kam
sie gemeinsam mit dem Zukünftigen zu mir in die Praxis,
auch mit ihm besprachen wir die karmischen Themen im
Hintergrund, ein wenig energetische Unterstützung mittels
inner wise® gab ich ihm mit auf den Weg. Eine Woche danach war Hochzeit, zu dieser erschien die Schwiegermutter
zwar nicht, aber der Vater, der bisher sich allem gefügt hatte,
was die Gattin vorgab, hatte sich emanzipiert und war be-
glückter Hochzeitsgast. Die eigentliche Überraschung kam
allerdings erst wiederum einige Wochen danach. Nicht nur
hatte sich das Verhältnis zwischen Mutter und Sohn entspannt, vor allem war die Schwiegermutter beim ersten
Mal seit dem letzten Treffen der beiden Frauen auffallend
bemüht um ein freundliches Miteinander. Seitdem hält dieser zurückhaltend-respektvolle Umgang der beiden zueinander an. Dicke Freundinnen werden sie vermutlich nicht
werden, aber immerhin können Familientreffen in angeneh-
mer Atmosphäre stattfinden. Trotz 71 Lebensjahren war die
Mutter des Ehemannes noch wandlungsfähig.

Abhilfe gegen das gegenseitige Erdrücken in einer
Neuner-Partnerschaft ist, wie könnte es anders sein, die ge-
lebte Weisheit. Dazu gehört auch der Mut zum Nein-Sagen,
das unter dem Einfluss der Neunerenergie oft nicht leicht-
fällt. Gelingt beides, kann eine Liebe der reiferen Jahre wun-
derschön sein.

Ebenso haben zwei mit der Lebenszahl Neun bedachte
Menschen Chancen auf ein glückliches Miteinander, näm-

lich, wenn sie die eigene Verblendung und Vernebelung erkennen. Da beide von der gleichen Grundenergie getragen sind, ist der Spiegeleffekt besonders groß. Im Grunde gilt das für jede Partnerschaft, aber für die Achtzehnervariante ist es essentiell: Klarheit schaffen, das heißt, sich klar ausdrücken, nicht um den Brei herumreden, eigene Befindlichkeit ausdrücken, aber Schuldzuweisungen unterlassen ist die Devise. Und jede Auseinandersetzung als Chance erkennen, der angestrebten Weisheit näherzukommen. Gegebenenfalls ist eine Rückführung in gemeinsame Partnerschaften aus früheren Leben sinnvoll, auch mit Unterstützung eines *inner wise®* Paarcoachings kann die karmische Verstrickung gelöst werden. Gerade wenn nicht erinnerbare Erfahrungen wirken, ist es sehr sinnvoll, externe Beratung in Anspruch zu nehmen, denn das Ich kann sich nicht erinnern, der Körper aber sehr wohl, ebenso das limbische System, aus dem unsere Emotionen gesteuert werden. Sobald wir in die Streitenergie kommen und vom *ich bin* (wütend/enttäuscht/rachelustig, ...) reden, statt von *ich spüre* (Wut/Enttäuschung/Rachegelüste etc.), sind wir dieser kaum kontrollierbaren Impulsivität ausgeliefert und ein meist sehr schmerzhafter und kräfteraubender Prozess kommt in Gang. Lediglich für Menschen, die im Unterdrückungsmodus leben, also alles in sich hineinfressen, immer hinunterschlucken (u.a. ein mögliches Muster der Zweier-Energie) kann so ein Ausbruch der Emotionen wie ein Befreiungsschlag wirken.

Unser Held kommt ohne solche Gefühlsexplosionen aus, aber die Königsdisziplin der Neun, die Geduld, die übt er in der folgenden Geschichte, in der Sie sich einspüren können in die Energievielfalt der Zehn.

DER TOPF AM ENDE
DES REGENBOGENS

Der Abendstern war bereits aufgegangen, als Ross und Reiter beim zehnten Fluss anlangten. Der Mond ging eben auf und legte ein Glitzerlicht auf die Wellen des breit dahinfließenden Gewässers. Wieder waren einige der Tiere mitgezogen, für die meisten von ihnen war die Nacht eine gefährliche Phase des Tages, doch in seiner Begleitung fühlten sie sich sicher und vermissten nicht den Schutz ihrer Höhlen, unterirdischen Gänge oder des Buschwerks. Von Ferne hörte er Musik, die das sanfte Plätschern des Wassers stimmig begleitete. Er war erneut lange unterwegs gewesen, die sanften Geräusche ringsum taten ihr Übriges und er legte sich für eine kurze Rast auf eine weich bemooste Stelle nahe dem Ufer. Es dauerte nicht lange und er war eingeschlafen. Im Traum erschien ihm die zehnte der Weisen Frauen, sehr mütterlich fragte sie besorgt, ob er wohl weich genug liege und seine Glieder ausstrecken könne. Er habe frühmorgens einen wichtigen Auftrag zu erfüllen, dessen Gelingen auch für sein eigentliches Begehren wichtig sei. Denn um einen Kinderwunsch erfüllen zu können, musste die Schale der ungeborenen Seelen gefunden werden. Dass sie seit geraumer Zeit verschwunden war, sei einer der Gründe für die Kinderlosigkeit des Königspaares. Und alles hänge mit der Veränderung der Energieflüsse im Land zusammen, der auch sie, die Weisen Dreizehn, nur allzu wenig hatten entgegensetzen können. Doch wenn es ihm gelänge, die Schale wiederzufinden und den Regenbogen an die rechte Stelle zu rücken, könne alles Leben im Land neu erblühen. Dann wäre das Wettergeschehen wieder ausgeglichen wie ehemals, und die Ernte könnte wieder gedeihen. Wenn aber die Menschen ausreichend zu essen hätten und sie dafür ein erträgliches Maß an Arbeit leisten mussten, wären sie zufrieden. Dann gäbe es keinen Streit, denn es wäre immer genug für alle da. Jeder hätte ausreichend Muße, sich um die angenehmen Seiten des Miteinanders anzunehmen, aber auch genügend Aufgaben, um nicht aus lauter Langeweile Streit anzufangen. Obwohl der junge Reiter schlief und es ein Traum war, fühlte er erneut die Last der Verantwortung und stöhnte vor sich hin. Doch die zehnte der Weisen Frauen sprach sanft auf ihn ein. Er sei der Auserwählte, der sich an den vorhergehenden neun Flüssen würdig gezeigt habe, er werde die richtige Lösung herbeiführen können. Auch würde ihn die tragende Kraft der Gemeinschaft der Dreizehn unterstützen, er sei nur ihr Arm und Bein, Auge und Ohr, um dorthin zu gelangen, wo keine von ihnen alleine hinkam und alle gemeinsam den schmalen Pfad nicht gehen konnten.

Im Traum wundert man sich ja nicht, deshalb schlief er schließlich ruhig weiter, um Kraft zu sammeln für den Tag und seinen Auftrag.

Die ersten Sonnenstrahlen weckten ihn und augenblicklich war er hellwach. Er hatte alles deutlich im Gedächtnis behalten. Den Regenbogen an die rechte Stelle setzen – was war damit wohl gemeint? Er kannte die Legenden vom Topf am Ende des Regenbogens, der viel Gold enthalte, doch von materiellen Gütern war nicht die Rede gewesen. Wiewohl er sie spürte, denn Macht und Geld kommen meistens gemeinsam. Im Reich der Weisen Frauen allerdings war Materie und damit Geld nebensächlich, niemand suchte den oder die andere zu übervorteilen oder zu hintergehen. Doch Machtgewinn oder das Festhalten daran, dem war er auf seiner Reise bisher etliche Male begegnet. Diesmal hatte die

Weise Frau aber nichts von bösen Geistern oder machtgierigen Zauberern berichtet. Die Schale war bloß verschwunden. Wie könnte ein Gefäß der ungeborenen Seelen wohl beschaffen sein? Und immerhin wurden ständig Kinder geboren, von der Schale alleine konnte es also nicht abhängen, ob Seelen sich in das Leben auf Erden wagten. Er sah sich um, ob er die Zehnte entdecken und noch genauer befragen könne, doch ringsum war nur Landschaft und ja, die Tiere, die ihn nun schon eine Weile begleiteten. Es war ein kleiner Hamster, der sich in seine Nähe wagte und mit zitterndem Näschen fiepte: »Entschuldige bitte, die Weise Frau hat uns beauftragt, dich zu unterstützen. Wir wissen zwar auch nicht, wo die gesuchte Schale ist, aber gerade solche, die so klein sind wie ich, können an Orte gelangen, die Menschen nicht erreichen. Nimm mich mit auf deiner Schulter, damit ich noch munter bin, wenn ich zum Einsatz komme, denn weite Märsche sind für meine kurzen Beinchen viel Arbeit.« Ein Vogel gesellte sich dazu und meinte: »Von oben sehe ich mehr, habe den Überblick, ich fliege voraus!« Ein Fisch lugte aus dem Fluss und sandte die Botschaft: »Ich durchschwimme die Gewässer und frage alle Wasserwesen, ob sie Kunde haben von der Seelenschale.« So viele Tiere standen ihm zur Seite, auch konnten die Wege schwierig werden für ein Ross mit Reiter, also entschied der junge Mann, dass sein Pferd diesmal ruhen könne. Dem Hengst war es recht, hatte er doch schon viel Arbeit geleistet bis hierher. Die Wiesen am Ufer waren saftig, beruhigt ließ er seinen Reiter ziehen.

Noch immer aber hatte der angehende Held keine Ahnung, wo er suchen solle, da entsann er sich der Glöckchen, von denen ihm ja gesagt worden war, dass sie ihm die Antworten singen würden. Das zehnte erklang auch gleich mit vollem Ton und sein Lied verriet ihm:

Der Kinder sind viele, doch manche sind anders
Sie sind in der Schale, die Welten durchwandernd
Beim Höchststand der Sonne kannst du sie erspähen

Im Wald auf der Lichtung, die niemand geseh'n
Der Vogel soll fliegen, der Fisch kennt den Fluss
Den Pfad kennt der Hamster, den du gehen musst
»Nun denn, schöner Vogel«, wandte sich der Reiter an
den fliegenden Helfer.»Flieg und suche die Lichtung, auch
du hast diese wohl noch nie gesehen. Hast du sie entdeckt,
sag uns die Richtung und wir machen uns auf den Weg.«
Der Vogel flog augenblicklich los, auf seinem Flug begegnete er anderen seinesgleichen, die Botschaft der Suche nach
der Lichtung, die noch nie gesehen ward, breitete sich in
Windeseile aus. Auch der Fisch schwamm, was er konnte,
und erkundete unter dem Wassergetier, wo der Fluss auszu-
machen wäre, der zu der Lichtung floss. Der Hamster dachte unterdessen an alle Pfade, die er kannte, die ober- wie die
unterirdischen. Letztere waren alle nur seinen Dimensionen
angepasst, ein Mensch konnte sie nicht nutzen. Der Pfad
musste also oberirdisch liegen. Während er so überlegte und
der Reiter der Neun gedachte und Geduld übte, schoss wie
aus dem nichts der Vogel herab.»Die Amsel kennt einen
Wald, nicht weit von hier, dort gibt es Bäume, die sich win-
den und ineinander verschlingen. Nur ab und an geben sie
den Blick auf den Waldboden frei. Wenn du bis Mittag angelangt bist, dann werden sie sich von der Sonne abwenden
und eine Lichtung freigeben. Frag den Hamster, wie du hin-
gelangst!« war seine Botschaft. Da horchte das Nagetier auf,
ja, den nahen Wald kannte es wohl, freilich war es nie allzu
tief eingedrungen, aber die Felder ringsum, die waren ihm
wohlbekannt, fand es dort doch köstliche Samen und Gräser
für seine Vorräte. Und nun wurde auch klar, wofür es den
Fisch brauchte. Denn durch den Wald floss ein Bächlein, der
für den Transport der Schale nötig werden könnte. Der Fisch
war zur Stelle und sammelte sogleich einige seinesgleichen
um sich, gemeinsam schwammen sie den Fluss hinauf bis zur
Einmündung des Bächleins, von wo sie diesem hinaufgelangen wollten.

Der Reiter folgte dem Hamster, das war nicht so einfach, das Tier war klein aber umso schneller, immer wieder verschwand es zwischen den Gräsern auf dem Weg, dann wieder hielt es inne, um einige besonders seltene Knabbereien in seinen Backen zu verstauen – die Gelegenheiten konnte es einfach nicht ungenützt lassen. Dann hieß es wieder warten, geduldig sein. Schließlich waren sie aber doch am Waldesrand angelangt und die Sonne war knapp davor, ihren Zenit zu erreichen. Er hörte das Bächlein rauschen und wählte dessen Ufer als Weg, etwas in ihm verriet ihm, dass Lichtung und Bach sich treffen würden. Nur eine kurze Weile war er durch den Wald gegangen, in dem die Bäume ungewöhnlich beweglich waren, von sich aus, ohne dass ein Wind sie bewegt hätte, da sah er die Sonne durch die Äste blitzen und vor ihm wandten sich alle Bäume von ihren Strahlen ab und tatsächlich erschien auf diese Weise eine kleine Lichtung. Die Sonne schien ungehindert herab und ein Glitzern und Funkeln erwiderte ihre Strahlen. In staunender Aufregung näherte sich der Reiter diesem Glanz und wirklich, da stand die Schale, geformt wie ein Boot, sodass er sie nur auf die Wellen des Baches setzen musste, damit sie hinabschwamm in den zehnten Fluss. Der Fisch und weitere Exemplare aus seinem Schwarm begleiteten die schwankende Fracht, damit sie unversehrt ankommen konnte. Der Reiter lief nebenher, solange es ging, doch immer wieder musste er ausweichen, wenn das Ufer zu steil oder zu überwachsen war. Da entsann er sich des Regenbogens, der noch an die rechte Stelle zu setzen war. Er blickte auf den sonnenbeschienenen Fluss, dessen Wasserdampf kleine Regenbögen entstehen ließ. Weil ihm nichts Besseres einfiel und nicht eine einzige Wolke über den Himmel zog, ging er zum Fluss und streckte die Hand nach einer der schillernden Wasserbrücken aus. Und siehe da, das leuchtende Farbenspiel ließ sich tatsächlich emporheben und blieb zwischen seinen beiden Händen stehen. Vorsichtig balancierte er diese unwirkliche Last bis zum Ausgangspunkt seiner Suche. Dank der Hilfe der Tiere hatte auch die Schale den Ort erreicht, von dem sie aufgebrochen waren.

Diesmal war es kein Traum, die zehnte der Weisen Frauen wartete bereits auf ihn, als er endlich auch ankam. »Nun haben wir eine Seele für das Königspaar, eine starke, denn sie wird einiges durchstehen müssen. Die Schale aber bringe ich in unser Schloss. Dort im Zentrum aufbewahrt, kann sie die Energien wieder ins Gleichgewicht bringen. Lege den Bogen darüber, er hält alles zusammen. Danach, wenn alles abgeschlossen ist, werden die Menschen wieder fröhlicher sein, einander achtungsvoll begegnen und zufrieden ihr Tagwerk vollbringen. Ich danke dir, du hast deine Hilfsmittel klug benutzt.« Dem jungen Mann schlug das Herz ein wenig bis zum Hals, denn erstmals war die Rede auf das erhoffte Kindlein gekommen, dessentwegen er diese außergewöhnliche Reise angetreten hatte. Doch noch waren drei weitere Flüsse zu meistern, also verabschiedete er sich wie bereits so viele Male zuvor, dankte den Tieren für ihre Hilfe und schwang sich erneut auf sein Reittier, das gut erholt dahintrabte, und überquerte den Fluss. Es war ein lauer Nachmittag und kurz vor Sonnenuntergang erreichte er den elften.

Die Fülle der Zehn: Alles besitzen dürfen aber nichts haben wollen

Nun sind wir bei der Zehn angelangt und damit bei der letzten der Basiszahlen, der höchstmöglichen der Lebenszahlen. Als solche steht sie auch für den Abschluss eines Inkarnationszyklus. Für das Abschließen steht sie damit ganz allgemein, denn die Energie der Zehn bedeutet das immerwährende Streben nach Vollendung. Dieses wirkt sich im Alltag sowohl als Perfektionismus als auch als schöpferische Kraft aus. Denn *die Zehn soll* ja *zur Eins* gemacht werden. Im Lebensbaummodell der jüdischen Kabbala stehen *Keter*, als Erste *Sephira*, was so viel wie Zahl bedeutet und *Malkhut*, als Zehnte, einander gegenüber. Der Weg dorthin führt über die weiteren acht Sephiroth, auf zweiundzwanzig Teilstücken. Dieses Wort umschreibt ihre Gesamtheit, die *göttlichen Emanationen*, also den Ausdruck des Göttlichen, des Vollkommenen. Dieses Bild und somit die damit ausgedrückte Philosophie, liegt den Deutungskonzentrationen der Zahlenkabbala zugrunde. Es ist nicht überliefert, wer und wann genau die ersten Zahlendeutungen im kabbalistisch-numerologischen Sinn entstanden sind, aber vermutlich entwickelte sich im 19. Jahrhundert aus der pythagoräischen Zahlenphilosophie und der Kombination mit dem Lebensbaum respektive Tarot ein Interpretationskompendium, das sich seitdem beständig weiterentwickelt, angepasst an die jeweils wirkende Grundenergie des Kosmischen Geschehens. Die Schwingungsfrequenz der Erde hat sich seit damals erhöht, Hintergrundwissen wurde aus der Geheimnislade (*Eso*terik = einem begrenzten, inneren Personenkreis vorbehaltenes und damit *geheimes* Wissen) hervorgeholt, manches durch naturwissenschaftliche Forschung quasi bestätigt. In meinen Vorgängerbüchern bin ich punktuell auf diese zuletzt erwähnten Aspekte näher eingegangen. Deshalb hat sich das Interpretationsspektrum erweitert, aber vor allem wurden die Deutungen von der Last der Schuldigkeit befreit. Denn der Fokus lag viel stärker, vor allem negativ besetzt, auf Karmazuweisungen.

Alle, die mehr über diese philosophischen Hintergründe erfahren möchten, verweise ich erneut auf das Buch Elfrieda (Fritzi) Kahofers, das vermutlich 2019 erscheint. Auf 500 Seiten steigt sie intensiv in die Materie ein, der Rahmen dieses Buches ist ein anderer.

Zurück zur Zahl Zehn und ihren Bedeutungszuweisungen. Keter und Malkhut (s.o.) stehen einander gegenüber, die Idee und ihre Materialisation. Die Zehn steht also für die sich in Materie, d.h. Energiedichte, ausdrückende Schöpfung. Um zur Eins zu werden, muss diese Dichtheit, die Schwere, aufgelockert werden, sich vergeistigen. Kreativität ist eine Möglichkeit dieser Vergeistigung, das Streben nach Perfektion ebenfalls. Letzteres verbinde ich eher mit Verkrampftheit und damit Schwere, Kreativität sehe ich als sprudelnden Quell, beständig in Bewegung und forteilend, somit leicht und fröhlich. Ich behaupte ja, jeder Mensch wird kreativ geboren, lediglich die Lebensumstände, die Erfahrungen, die wir machen, die Meinung der anderen, insbesondere der Erziehenden, verformen diese angeborene Fähigkeit, Leichtigkeit zu erreichen. Deshalb gibt es Menschen, die weniger kreativ sind als andere. Es ist wie mit den Jungvögeln. Wenn sie geschlüpft sind, sind noch alle Gehirnverbindungen knüpfbar, jede Art von Gesang daher möglich. Doch der Vater singt den Jungen beständig sein Lied vor, dadurch bilden sich die Synapsen in spezifischer Weise, Ordnung wird in der Nervenstruktur hergestellt. So wird die Amsel zur Sängerin und der Spatz zum Piepser.

Doch wir Menschen haben die Gabe der Erkenntnis, der Selbstreflektion und können uns aus den Prägungen der persönlichen Geschichte befreien. Die Kraft dazu erwächst aus der Zehnerenergie. Und letztlich strebt jede Seele nach dieser Vollkommenheit, aber auch danach, diese immer mehr zu erweitern. Jede Inkarnation und somit jedes Lernen auf der Erde, in der Ebene der Polarität, trägt dazu bei. Dementsprechend sind die vielen Schritte, die jeder von uns auf dem Lebensweg absolviert und dabei Weisheitsbausteine (neun) sammelt, alle diesem Streben zu danken. Wer sie nicht freiwillig geht, wird in Bewegung gesetzt (vier) oder auch doppelt geschubst (fünf), Grenzen (sechs) dienen der Anregung, sie zu überwinden. Zwei regt uns an, Wissen und

Erkenntnis zu gewinnen, drei breitet das Feld der Chancen vor uns aus. Wer sein Herz verstehen lernt (sieben) braucht nicht mehr zu begreifen (sechs), er oder sie begreift im Augenblick, indem Liebe verströmt und empfangen wird, die ganze Welt hat in seinem respektive ihrem Herzen Platz. Den Überblick verschafft die Acht, mit ihr gewinnt der Mensch Nachsicht und Einsicht.

Weil wir alle diese Erfahrungsschritte gehen, begegnen uns die Aufgaben auf Schritt und Tritt, und sie sind mannigfaltig. Deshalb drückt sich das Wesen der Zehn in vielerlei Gestalt aus, sie leert ihr Füllhorn aus. Ähnlich Jupiter ist sie dabei recht wahllos, Hauptsache viel davon. Dementsprechend erscheint sie in Form von Materiesucht ebenso wie als Geltungsdrang oder Minderwertigkeitskomplex, aber ebenso durch künstlerischen Ausdruck oder starken Bezug zur Natur. Der hilft jedenfalls, denn er erdet. Zwischen Himmel und Erde nämlich kann der Mensch navigieren, da ist es schon günstig, wenn er den Boden unter den Füßen wieder spürt. Geld erdet ebenfalls, es dient in der aktuellen Form der Existenz auf dieser Welt vielerlei Zwecken, weshalb es völlig in Ordnung ist, es zu besitzen, um es ausgeben zu können. Hauptsache, alles bleibt in Fluss. Wer es aber geizig hortet, missversteht die Energie der Zehn. Sie bietet ohnedies Schutz, damit Materie und Geld nicht ausgehen, die Menge ist abhängig, wie bereits bei der Sechs erwähnt, von der Haltung diesen weltlichen Dingen gegenüber. Festhalten ist keinesfalls nötig, es kommt, wenn man es braucht. Als am 10. Geborene kann ich davon ein Lied singen, es ist immer wieder erstaunlich, wie akkurat es zutrifft. Je öfter ich es erlebte, desto mehr wuchs mein Vertrauen in diese Regel, und umso mehr hat sie sich manifestiert. Oder, wie der Volksmund sagt: *Wenn du glaubst, es geht nicht mehr, kommt von irgendwo ein Lichtlein her.* Mittlerweile hat sich diese Energie als weiträumiges Haus auf einem

Grundstück mit Traumblick verfestigt, ein Märchen, dessen Realisierung noch wenige Monate zuvor unerreichbar schien (siehe Vorwort).

Von der Besonderheit der o und ihrer ergänzenden Kraft

Als einzige Basiszahl besteht die Zehn aus zwei Ziffern, und zwar der Eins und der Null. Zu deren Eigenschaften habe ich besonders im Buch zu den Raunächten und deren Bräuchen umfangreich geschrieben, doch fasse ich hier noch einmal zusammen: Sie enthält in sich alles und nichts, sie birgt die Fülle ebenso wie ihre Leere diese aufnehmen kann. Sie umfasst das Nichts und auf dieser Begrenzung ist unendliche Fortbewegung möglich, denn die Linie, die sie uns offenbart, endet, wo sie beginnt. Somit ergänzt sie jede der Basiszahlen mit allen Möglichkeiten, die das Universum bereithält. In der Betrachtungsweise der Zahlenkabbala steht die Lebenszahl Zehn deshalb für Alles und Nichts, konkret können Menschen mit der Zehn an dieser Position Fülle und Wohlstand vernichten, aber ebenso aus dem Nichts wieder kreieren, beide Vorgänge können sie auch mehrfach wiederholen. Wer aber die Fülle nicht erkennt, verhungert mitunter vor vollen Töpfen. Deshalb, wenn Sie eine Zehn als Lebenszahl geschenkt bekamen, nehmen Sie das Leben leicht, lassen Sie den Fluss auf Sie zukommen, Sie brauchen nur daraus zu schöpfen. Aber auch weiterfließen lassen, das ist wichtig. Denn andere wollen ebenfalls daraus trinken. So erreichen Sie ganz ohne Anstrengung Wohlstand und Besitz, ohne ihn festhalten zu müssen.

Das passende Bild zu diesem Auf und Ab des Lebens bietet die Tarotkarte *Das Rad des Schicksals* – ein beständiges Wechselspiel, doch es dreht sich immer weiter. Die Symbole der vier Evangelisten finden sich darauf ebenso wie die Symbole der magischen Welt, wie Sphinx und Schlange, und der Teufel trägt das Rad. Alle sind gleichwertig, wer seine »dunklen« Seiten ausblendet, begegnet dieser Macht dennoch. Also besser hinschauen, anerkennen und lernen, damit umzugehen. Jede dieser Kräfte hat auch eine brauchbare, klassischerweise »positiv« bezeichnete Seite. Wer zur Aggressivität neigt, kann sich gut durchsetzen, Klarheit und Strenge bis hin zur mitunter nötigen Unerbittlichkeit machen die Zehn zu einer Zahl der Unabhängigen und der Führungskräfte. Ich erinnere mich noch gut an ein Gespräch mit der damaligen Österreich-Chefin von Sony. Sie erzählte, dass die erste Aufgabe, die sie in der neuen Position zu erfüllen hatte, war, 30 Mitarbeiter*innen zu kündigen. Es war nicht leicht für sie, aber unausweichlich. In der Folge ergaben sich für die Betroffenen wesentlich bessere Konditionen, zum größten Teil als selbstständig agierende Zulieferer ihres früheren Arbeitgebers.

Das Glück der Neunzehn und ihre Sonnenkraft

Anders als bei der Vorgängerin, der Achtzehn, und anderen zweistelligen Zahlen wird die Zehn als Neun-Zehn noch mehr zur Glückszahl – auch wenn es diesen Begriff in der Zahlenkabbala nicht gibt, denn jede Zahl hat ihren Wert, keine ist mehr oder weniger wert als die andere. Aber aus menschlicher Sicht nehmen wir ihre Wirkungen unterschiedlich auf: Erfolg, Wohlstand, Anerkennung und Zuneigung empfinden wir als aufbauend, doch trägt es sehr zur Entlastung unseres Stresskörpers bei, wenn wir auch für Misserfolge, Verluste, Krankheiten, Ablehnung und vergleichbare Schicksalsschläge dankbar sind. Denn sie sind »geschicktes Heil«, auch wenn wir es anders empfinden. Erst mit einigem Abstand können wir gelegentlich erkennen, dass es zu unserem Vorteil geschah. Doch oft geht nicht einmal das. Wenn ich z.b. 200 km länger fahren muss, weil ich eine Autobahnabfahrt übersehen habe, kann ich nur vermuten, dass ich auf diese Weise einem Unfall entkommen sein könnte. Wenn ich pleitegehe und drei Jahre später mehr Geschäft denn je mache, dann merke ich es allerdings schon (geschah einem Schweizer Feng-Shui-Kunden des bekannten Geomanten Günther Sator, nachdem er dessen Tipps umgesetzt hatte). Egal ob überprüfbar oder nicht, ich kann davon ausgehen, dass es zu meinen Gunsten geschah. Wenn ich mich dafür bedanke, anerkenne ich das Geschenk, auch wenn es verpackt bleibt. Lebensprägende Ereignisse auf diese Weise zu betrachten, darauf wies mich im Juni 2005 der Entwickler und Gründer von *inner wise®* hin, einer der Gründe, warum ich mich augenblicklich entschloss, diese Methode zu erproben. Dass ich seit damals dieses weitere märchenhafte Werkzeug nutze, trug ebenfalls wesentlich zur für mich sehr erfreulichen Entwicklung bei. Das bedeutet nicht, dass nicht immer wieder Unangenehmes geschah (beispielsweise büßte ich beim Brennholzschneiden zwei Drittel meines Zeigefingers ein), doch ich verfiel nie in Verzweiflung, ganz im Gegenteil strebte ich danach, es so gut wie möglich zu überstehen. Immer getragen von der Überzeugung, dass alles einen Sinn hat, und zu meinem Besten ist.

Mit der Neunzehn sind Sie jedenfalls mit Intelligenz und Kreativität gut ausgestattet, Sie werden viele Glücksfälle erfahren, Freude, Erfolg und Humor erleichtern Ihnen den Lebensweg. Auch hierbei kommt es immer auf die Kombination mit den anderen Zahlen des Zahlenbildes an. Zwei Familienmitglieder haben diese Zahl, ebenso eine gute Freundin, alle kennen schwierig zu meisternde Perioden in ihrem Leben, aber letztendlich ging es immer gut aus. Doch die Neunzehn hat auch eine Aufgabe, denn ihr Ego ist sehr stark – übrigens auch das der Zehn – und die Neun in der Zifferndarstellung bringt die Ungeduld mit jenen mit sich, die nicht von so schneller Auffassungsgabe sind wie sie selber. Und weil Menschen, die von dieser Zahl mitgeprägt sind, so rasch begreifen, worum es im Wesentlichen geht, befassen sie sich nur ungern dauerhaft, also übend, mit einer Lernaufgabe. Nur wenn ein Thema sie besonders fasziniert, bleiben sie dran, sind hochkonzentriert und vertiefen sich in die Thematik.

Die Tarotkarte mit der Zahl neunzehn ist *Die Sonne*: ein unbeschwertes Kind, als Zeichen der Unschuld gänzlich unbekleidet, reitet fahnenschwingend auf einem Pferd vor dem Hintergrund aus Sonnenblumen, über denen die Sonne mit wachsam-freundlicher Mimik strahlt.

Partnerschaften der Vollendung

Zehner-Partnerschaften bedeuten, dass zwei Menschen zusammengefunden haben, die einen gemeinsamen Weg eines früheren Lebens nun vollenden können. Zumeist bezieht sich das auf Themen der Materie, also Geld und Dinge. Mit meiner Maklerin beispielsweise ergibt sich eine Zehn aus unseren Lebenszahlen. Naturgemäß ging es um ein verkaufbares Grundstück und den möglichen Erlös dabei. Häufig führt diese Zahl zu einer dauerhaften Verbindung, ist das Thema erledigt, kann es aber auch zur Trennung kommen, die dann aber friedvoll abläuft. Just an dem Tag, als ich diesen Text schrieb, sah ich ein Video einer Scheidungszeremonie. Ein gutes Ende zu finden ist ebenso wichtig wie der Weg dorthin. Wer etwa aus einer Wohnung auszieht, soll darauf achten, dass nichts zurückbleibt, nicht nur Sachen, sondern vor allem die persönliche Energie. Bleiben Dinge zurück, dann muss klar sein, dass diese in den Besitz der neuen Bewohner*innen übergehen. Ein Ende soll rund sein, wie die Null. Aus ihr entsteht alles und zu ihr kehrt alles zurück.

Eine Neunzehn entsteht nur, wenn Zehn und Neun zusammenfinden, ist also weniger häufig. Die Energie des Glücks und das Strahlen der Sonne wirken auch hier, doch der angesprochene Egoismus kann sich der Chance zur paradiesischen Zweisamkeit entgegenstellen. Dann sind Machtkämpfe Alltag und das Glück muss warten. Vielleicht hilft es diesen beiden, den Satz des Schriftstellers Ernst Jünger zu verinnerlichen: *Jeder Mensch hat seine guten Seiten. Man muss nur die schlechten umblättern.*

DER RITT IN DIE UNTERWELT

So hell und strahlend seine letzte Station gewesen war, so düster war das Tal, durch das sich der elfte der Flüsse wand. Beinahe schwarz war sein Wasser, dunkle Kiesel bildeten das Ufer und Pflanzen wuchsen nur sehr dürftig in dem Tal, das von der Sonne gemieden wurde. Mit großer Vorfreude war der junge Held losgeritten, nun aber schauderte ihm. Nur zögerlich ritt er den Fluss entlang. An manchen Stellen blubberte es heftig und aus dunklem Schlamm spritzte heißes Wasser hoch. Es war eine unwirtliche Gegend und er fragte sich, wie ihm die elfte der Weisen Frauen begegnen würde. Das Tal weitete sich ein wenig, auch das Gras schien an dieser Stelle besser zu gedeihen und da sah er sie, die Elfte. Eine üppige Matrone saß am Ufer und beobachtete die trägen Wellen.

»Ich grüße dich, Weise Frau, sag mir deine Aufgabe, damit ich rasch weiterziehen kann, um meinem König möglichst bald die Kunde einer nahenden Vaterschaft zu überbringen.« Er war erstaunt über seine Wortwahl, so schwülstig drückte er sich üblicherweise nicht aus, offenbar hatte ihn die Üppigkeit der Flusshüterin dazu angeregt. Sehr, sehr langsam hob sie den Kopf und blickte ihn an, als wäre sie eben aus einem langen Schlaf erwacht. »Wer bist du und was redest du da?«, fragte sie mürrisch zurück, ihn gleichzeitig vom Scheitel bis zur Sohle musternd. »Du bist weit gereist, doch habe ich hier weder Essen noch Trinken, auch keinen

Platz, an dem du ruhen könntest. Das hier ist kein Ort zum Verweilen, was also hast du hier zu schaffen?«, ergänzte sie noch, um unmissverständlich deutlich zu machen, dass seine Anwesenheit unerwünscht war.

Doch der Mann, der nun schon zehn Flüsse überquert hatte, wollte sich nicht beim elften geschlagen geben. »Ehrwürdige elfte der Weisen Frauen, ich reise im Auftrag meines Königs, der ein großes Anliegen an euch alle dreizehn hat. Dafür habe ich bereits zehn Rätsel gelöst, auch du hast eine Aufgabe für mich, wurde mir gesagt. Gerne erfülle ich diese, um euch endlich die Frage nach dem ersehnten Kind stellen zu können. Die Schale der Seelen habe ich bereits bei deiner Schwester geborgen.«

»Ach, du willst das Rätsel der elf lösen? Na, wenn du dir da nicht zu viel vorgenommen hast, an diesem sind schon einige gescheitert. Aber auch du sollst es versuchen dürfen. Aber merke: Wenn du versagst, war all deine Mühe umsonst und du musst ohne Antwort zurück zu deinem König.

Das Rätsel lautet: Wer sitzt unter dem Fluss und hütet die Meisterschaft? Merke, um es zu lösen, musst du dorthin reiten, doch verfehlst du den rechten Moment, ist's um dich gescheh'n.«

Damit hatte er nun nicht gerechnet, bisher war ihm nirgends gedroht worden, nun aber ging es um Kopf und Kragen. Und diesmal musste auch sein Pferd mit in die Unterwelt. Oder gab es eine andere Möglichkeit, unterirdisch zu reiten? Erneut waren die Glöckchen seine Ratgeber. Sie verrieten ihm, dass der Fluss ein wenig unterhalb sich als Wasserfall in die Tiefe stürzte. Dorthin müsse er reiten, ein schmaler Pfad würde ihn an eine Stelle bringen, wo er hinter das stürzende Wasser gelangen könne. Was ihn dort erwarte, müsse er aus eigener Kraft meistern.

Das Wasser stürzte die Klippen hinunter, doch an der angegebenen Stelle war ein Vorsprung, der die dahinterliegende Öffnung ins Berginnere zugänglich machte. Kurz sah er hinaus, durch den Wasserstrom, und er gedachte seiner letzten Aufgabe. Denn gegen das Sonnenlicht glitzerte das Regenbogenfarbenspiel wie tausende Kristalle. Er sog diesen Anblick tief ein – sollte er nicht zurückkehren, so war sein letzter Blick es jedenfalls wert gewesen. Nun aber ging es hinein ins tiefe Dunkel, hier schimmerte kein Erdreich und strahlten keine Felswände, es war finsterer als jede Nacht je sein konnte. Doch weil die Tiere ihn weiterhin begleiteten, umgab ihn plötzlich ein Schwarm Glühwürmchen. Mit ihrer Hilfe konnte er zumindest den Pfad erkennen, der steil abwärts führte. Dieser war hoch genug, dass sein Pferd ihn hinuntertragen konnte. Es war unsicher, doch es wusste, dass es nun um alles ging und setzte vorsichtig Huf vor Huf. Immer tiefer ging es, gleichzeitig wurde es wärmer und schwefelige Dämpfe erschwerten die Atmung. Die Glühwürmchen ermüdeten, doch nun half ein rötliches Licht, den Weg zu erkennen. Er mündete in einen länglich gewundenen Raum, in dem ein Feuer brannte, das flackernde Schatten auf die unregelmäßigen Wände warf. Ein großer Tisch stand davor, an dessen schmalem Ende ein Mann saß, seltsamerweise höchst elegant und in hellen Farben gekleidet, er wirkte merkwürdig unpassend in dieser ruppigen Umgebung. In seinem Gesicht prangte ein breites Grinsen, das nichts mit jenem Lachen zu tun hatte, das Freude und Fröhlichkeit ausdrückt. In den Zeiten, als dieses sich zutrug, war das Wort unbekannt, doch den Leserinnen und Lesern sei gesagt, er war ein Dandy. Für den Helden unserer Geschichte war dieser Anblick höchst befremdlich, so wie bisher das meiste, das mit dem elften Fluss und seiner Aufgabe zu tun hatte. Noch verwirrter war er, als er erneut seine eigenen Gesichtszüge, wenn auch arg verzerrt, in diesem Antlitz erkannte. »Ich komme aus deiner Zukunft«, grinste ihm sein Spiegelbild entgegen, »Ich bin ein Spieler, ich trinke, gewinne und verliere, jede Nacht verwöhnt mich eine andere Frau. Ich trachte, immer und überall zu meinem Vorteil zu handeln. Das Leben ist kurz, wozu sich Gedanken machen darüber, wie es den anderen ergeht? Hauptsache, wir genießen es!«. Mit »wir« war sein Alter Ego gemeint, der Reiter im Dienste des Königs, der zum Heldentum aufgebrochen war und mit dem eben Gehörten einfach nichts anfangen konnte. »Komm, junger Mann, lass dieses pflichtgetreue Leben hinter dir, komm mit mir in deine Zukunft, dann wird jeder Tag ein Fest!«, hörte er den Grinser noch sprechen, dann schauderte ihm vor so viel gespielter Fröhlichkeit und der Hohlheit dieses Abbilds. Und damit erlosch das Trugbild, der unpassende Mann war verschwunden. Stattdessen begann der Tisch zu leuchten, verwandelte sich in einen durchscheinenden Kristall und leises Glockenklingen erfüllte den Raum, der sich nun nach oben öffnete und einen Weg freigab, auf dem Ross und Reiter wieder ans Tageslicht gelangen konnten. Dort oben empfing ihn bereits die elfte der Weisen Frauen, auch sie verwandelt, und lächelte ihn glücklich an. All ihre Ruppigkeit und ihr Missmut waren verflogen, ebenso die Matronenhaftigkeit, auch wenn sie sich im Körperformat nach wie vor deutlich unterschied von ihren teils fast ätherischen Schwestern. Sie war im Bann des Magiers der Zeiten gefangen gewesen, die Meisterschaft sollte nur ihm alleine vorbehalten bleiben. Nur wer der Versuchung widerstehen würde, in sein Trugbild eines Lebens in Saus und Braus, ohne Verantwortung und Verpflichtungen, zu gelangen, konnte dessen Magie brechen. Wer aber diese Verlockungen der Triebe überwinden konnte, der habe viel gewonnen. Denn alle Sinne, besonders der sechste, würden dadurch geschärft. Bei seiner zwölften Aufgabe solle er diese Fähigkeit der Intuition nützen, dann würde sie leicht gelingen.

Der junge Reiter bedankte sich bei ihr, in seinem Kopf drehte sich noch ein Wirbel der gegensätzlichen Bilder – der Schönling aus der Zukunft, die Matrone, der sechste Sinn, … Er beschloss, sich auf dem Weg zum zwölften Fluss

Zeit zu lassen, um das Erlebte erst mal gut zu verdauen. Zweimal auf dieser Reise war er sich selbst begegnet, einmal als junger Tunichtgut, einmal als weiser Alter, was würde an den letzten beiden Stationen auf ihn warten? Er blickte um sich, rundum saßen etliche der Tiere, die ihn begleiteten, das beruhigte ihn ein wenig – es war gut, so treue Gefährten um sich zu wissen.

Elf – die erste Meisterzahl und warum zuerst die Tiefe gemeistert werden muss

Mit der Elf verlassen wir die Gruppe der Basiszahlen, die auch die »göttlichen« genannt werden. Die Zahlen Elf bis Zweiundzwanzig laufen unter dem Überbegriff »Großes Karma« – wie unterschiedlich sich dieses auswirkt, konnten Sie bereits an den Beschreibungen der Zahlen wie etwa der Vierzehn und im Gegensatz dazu der Neunzehn erkennen. Manche fordern uns einfach mehr als andere. Drei *Meisterzahlen* kennt die Zahlenkabbala, sie finden sich aber auch in anderen numerologischen Systemen: Elf, Zweiundzwanzig und Dreiunddreißig laufen unter dieser Zusatzbezeichnung. Die Elf also ist die erste der drei. Die Meisterschaft wird einem aber nicht in die Wiege gelegt, sondern es ist vielmehr ein Auftrag, das ganze Leben hindurch nach dieser Qualität zu streben. Im Mittelalter gingen Gesellen auf Wanderschaft, in späterer Zeit wurde die *Walz* sogar zur Pflicht. Der Sinn dieser je nach Handwerk genau festgelegten Zeitspanne war, dass sie vor allem neue Arbeitspraktiken, fremde Orte, Regionen und Länder kennenlernten, und nicht zuletzt Lebenserfahrung sammelten. Sie hatten sich den Zunftregeln zu unterwerfen, nach der Hälfte der vorgeschriebenen Zeit durften sie sich als

Anwärter zur Meisterschaft im Zunftbuch eintragen lassen, erst nach weiteren, sogenannten *Mutjahren*, war es dem Gesellen erlaubt, ein Meisterstück anzufertigen und damit unter Beweis zu stellen, dass er seine Handwerkskunst meisterhaft beherrschte. Nicht von ungefähr ist dabei von Kunst die Rede, nicht nur die Funktion, sondern auch das, was wir heute Design nennen sowie die entsprechende technische Ausführung wurden von den Zunftmitgliedern strengstens geprüft. In manchen Zünften erhielt der Werber erst nach Zuerkennung der Meisterschaft die Erlaubnis zur Heirat.

An diesem sehr praktischen Beispiel der Lehr- und Wanderjahre bis zur Meisterschaft ist gut erkennbar, dass auch an einem Elften Geborene einiges an Erfahrungen sammeln müssen, um die mit dieser Zahl verbundenen Talente entsprechend achtsam nutzen zu lernen. Vergegenwärtigen Sie sich so einen Burschen: Gerade noch war er ein Kind, hatte vielleicht keine sehr fröhlichen und jedenfalls arbeitsintensiven Lehrjahre hinter sich, dann ging es hinaus in die Welt in Selbstverantwortung. Viele Sagen und Märchen erzählen genau von diesen Erfahrungsreisen. Da ging es schon immer wieder auch lustig zu, die persönlichen Grenzen wurden bestimmt reichlich ausgelotet und der erwachte Sexualtrieb ausgelebt. Die Meisterschaft der Elf wird erreicht, indem die Triebe durchlebt und eben gemeistert werden. Die Transformation in Medialität ist eine der Voraussetzungen, um zum meisterhaften Ausdruck zu gelangen. Wie im Märchen des elften Flusses angedeutet, ist es die besonders wirksame Fähigkeit zur Intuition, die Elfer auszeichnet. Mehr noch, mit Medialität ist gemeint, dass Elfergeleitete sich telepathisch einfühlen können in andere. Womit wir wieder bei der Versuchung durch die Triebe angekommen sind. Denn weil sie so gut wissen, was der oder die andere sich insgeheim wünscht, können sie auf diese entsprechend Einfluss nehmen und ihn oder sie ganz unbemerkt manipulieren. Die Herausforderung dabei ist, es zu bemerken, denn die Grenzen sind sehr schwimmend: Wann beginnt das Einfühlungsvermögen und ab wann wird es zum Eigennutz missbraucht? Es ist die doppelte Eins, das Ego, das sich willensstark durchsetzt, magische Praktiken miteingeschlossen. Die katholische Heiligengeschichte erzählt von so manchem »Sünder« oder auch mancher »Sünderin«, die genau indem sie durch alle Abgründe der menschlichen Ausschweifungen oder Irrwege gegangen sind um – meist durch ein Erlebnis des Erwachens – das Leben zu wandeln und fortan einen geläuterten Weg zu gehen. Der Saulus, der zum Paulus wurde ist einer von vielen solchen Beispielen. Auch Buddha durchlebte die Facetten des irdischen Daseins, ehe er sich nur mehr der geistigen Betrachtung widmete. Diese überlieferten Lebens- und Wandlungswege sind beispielhaft für die Energie der Elf und wie sie gewandelt werden kann. Wobei das nicht bedeutet, dass jeder zum Heiligen werden oder sich in Meditation versenken muss. Letztere ist aber mit Sicherheit eine für Elfer (und damit auch Zweier) extrem hilfreiche Praxis. Das Ziel ist bedingungslose Selbstliebe, das heißt, die eigenen Abgründe erkennen und sich mit allen Schattenseiten anerkennen. Deshalb begegnet der Reiter im Märchen seinem eigenen lasterhaften Ich, entscheidet sich aber gegen die geschilderten Verlockungen. Es reicht also völlig, die Harmonie zwischen Instinkt und Geist anzustreben. Eine Welt voller Heiliger wäre vermutlich ziemlich langweilig. Doch immer wieder bewusst zu hinterfragen, welche Motive mein Handeln bestimmen, darauf zu achten, wie viel Entscheidungsfreiheit ich anderen lasse, kann jede und jeder. Einziges Hindernis ist nur die Angst, die bereits bei der Zwei beschrieben wurde. Die Angst: *Was könnte sein, wenn* ... Probieren Sie es aus, mehr als scheitern können Sie nicht. Und genau darin besteht die Gnade, die uns das irdische Dasein hindurch begleitet: Wir dürfen versagen, irren, danebenhauen. Wichtig ist nur, ob wir dazu stehen, und uns bemühen, es ein nächstes Mal anders und hoffentlich besser zu machen. Besser im Sinne von menschen-, tier- und umweltfreundlich. Die Sechs stellt die Frage: Dient es dem Leben? Diese Frage kann sich die Zwei und damit auch die Elf von der Sechs »borgen«. Dazu ermuntern und ermutigen uns die Märchen mit ihren Heldengeschichten. Meist sind es einfache, arme, mitunter auch als dumm ausgegrenzte Menschen, die ihrem Herzen folgen, schlau sind oder gerade ob ihres schlichten Verstandes offen sind für die Wunder der Welt, die sich nicht abbringen lassen von ihrem Weg, die Tierleid lindern, denen die Errettung von Brüdern, Prinzessinnen, und anderen verzauberten Wesen gelingt.

Viele von der Energie der Zwei und damit auch der Elf Geprägte interpretieren ihre Erlebnisse und wie die Mitmenschen ihnen gegenübertreten aus ihrer eher melancholischen (um nicht zu sagen depressiven) Grundhaltung heraus. Daher sind sie rasch gekränkt, auch wenn es ganz anders gemeint war, werden Äußerungen, die ihre Person in irgendeiner Weise betreffen könnten, persönlich genommen und als abwertende Kritik verstanden. Das macht es für die so Gekränkten, aber auch für diejenigen, die mit ihnen zu tun haben, nicht leicht. Und wirkt sich ebenso aus in einer Elfer-Partnerschaft.

Wie zwei Menschen, die durch die Elf verbunden sind, miteinander auskommen

Wie gut eine derartige Partnerschaft funktioniert, hängt sehr davon ab, wie viel die beiden Beteiligten bereits transformiert haben, wie sehr sie schon in der Gelassenheit etwa der Acht angekommen sind. Eine derart entspannte Achter-Partnerin kann dem freiheitsliebenden Dreier-Mann gelassen seinen Spielraum lassen, denn sie hat ohnedies genug anderes zu tun. Sieben und Vier sind vermutlich sehr distanziert zueinander, die sogenannte Vernunftehe könnte eine Variante sein. Man lebt unter demselben Dach, teilt die Infrastruktur und daraus entstehende Kosten, tauscht sich in philosophischen Gesprächen aus, geht aber sonst eigene Wege.

Fünf und Sechs allerdings könnten sich schon intensiv aneinander reiben (die anderen Kombinationen sind aber ebenso dieser Divergenz ausgesetzt und damit trennungsgefährdet). Doch es heißt, nach einer Trennung vertragen sich die beiden viel besser. Daher gilt für die Menschen, die über die Elf ihre Partnerschaftsfähigkeit entwickeln, immer wieder Abstand zueinander schaffen, danach geht's wieder besser. Es ist der Alltag, der den beiden zu schaffen macht, denn die Meistereigenschaft wird von kosmischen Energien gespeist, der irdische Trott passt da selten dazu. Gelingt dieser Balanceakt, ist die Elf eine Voraussetzung für eine wunderbare Partnerschaft, das ist die gute Botschaft. Hochspirituell, dem Geistigen zugewandt, duldsam und geduldig miteinander, wenig ereignisreich aber durchaus sinnlich anregend. Wenn die Triebe gut integriert sind und harmonisch aufeinander abgestimmt gelebt werden, auch sehr leidenschaftlich.

Das Motiv des siegreichen Kampfes mit dem Drachen im Märchen steht übrigens symbolisch für das Ende des Ausgeliefertseins, für die bewusste Kontrolle der Treibhaftigkeit.

Eine Ruhepause, eine Auszeit, um Erlebtes reflektieren zu können, ist nicht nur für Elfer-Beeinflusste eine empfehlenswerte Intervention. Unser Held jedenfalls hat es sich vorgenommen – lesen Sie, wie es ihm damit ergeht.

Die Ruhe vor dem Sturm

ie Reise ging weiter, diesmal den Fluss entlang, er würde in den zwölften münden, hatte die Weisin noch gesagt. Er nahm sich Zeit, ließ sein Pferd im Schritt gehen, um seine Gedanken ordnen zu können, doch es half nicht viel – in den wenigen Tagen, in denen er elf Flüsse überquert hatte, waren so seltsame Eindrücke auf ihn hereingeprasselt, wie wohl in keinem anderen Menschenleben. Doch eines wusste er nun: Seine Seele war auf Wanderschaft und würde sehr unterschiedliche Lebensvarianten erproben. Aber noch fehlte ihm die Erklärung, wozu dies gut sei. War es nicht genug, seinem Herrn zu dienen, vielleicht einmal eine Familie zu gründen, ein Stückchen Land zu bestellen und am Lebensabend zufrieden in der Sonne zu sitzen und die Enkelkinder beim Spielen zu beobachten? Und wenn er nun so pflichtgetreu und tugendhaft sein Leben lebte, warum würde er in der Zukunft ein Lebemann werden wollen? Wurde die Seele nicht klüger mit jedem Erdendasein? Er erinnerte sich an den Moment, da er alle Leben gleichzeitig wahrgenommen hatte – das war ein buntes Gemisch von solchen, auf die er stolz sein konnte und anderen, in die er lieber nicht Einblick gewonnen hätte. In manchen hatte er dramatisch geendet, hatte Leid erfahren, in manchen war er wohlhabend und bedeutend, in anderen bettelarm und missachtet. Auch eine Frau hatte er wahrgenommen, die immer wieder an seiner Seite gewesen war. »Begegnen wir einander mehrfach, erleiden wir gemeinsame Schicksalsschläge?«, überlegte er. »Und warum ist das Leben oft so schwer, der Lebensweg nur über viele Hürden gangbar?« Viele Fragen ohne Antworten schwirrten nach wie vor in seinem Kopf, als er sich, so langsam er auch geritten war, dem zwölften der Flüsse näherte.

Es war ein steiniger Pfad, bergaufwärts ging es, unter ihm in der Schlucht glitzerte das Wasser des elften Flusses. Sein Pferd musste achtsam die Hufe setzen, um nicht abzugleiten. Schließlich stieg er ab und ging voraus. Ein großer Fels lag mitten am Weg, nur mit Mühe konnten die beiden ihn erklimmen. Und dann lag sie vor ihm, die Quelle, golden glitzernd im abendlichen Sonnenlicht. Direkt aus den Ritzen des Felsen quoll es hervor, das Wasser des Lebens. Es bahnte sich einen Weg über Steine und Geröll, frisch und klar. Es war zu verlockend, in tiefen Zügen trank er von dem herrlichen Wasser. Niemand hatte ihm verboten, aus den Flüssen zu trinken, deshalb stillte er arglos seinen Durst. Herrlich erfrischt fühlte er sich augenblicklich stark genug, alle Unbill der Welt zu meistern. Kaum gedacht, fand er diesen Gedanken äußerst merkwürdig– eben noch hatte er sich ein beschauliches Leben als seine Zukunft vorgestellt und nun war er in Erwartung allerlei Widrigkeiten! Was es auch sei, die Aufgabe der zwölften der Weisen Frauen würde er mit Leichtigkeit erfüllen. Denn da war noch etwas, ein Gefühl, das ihm das Herz zu sprengen drohte, ein Gefühl, das ihm jedes noch so kleine Gräslein, das sich auf dem kargen Boden einen Weg ins Freie gebahnt hatte, jede noch so kleine Mücke, die um ihn herum schwirrte, so wertvoll machte, die ganze Welt wollte er umarmen, glückselig spürte er nur Liebe sich in ihm breit machen, und er erkannte, dass es dieses nie gekannte Empfinden war, das ihn sich so stark fühlen ließ, dass er nichts mehr fürchtete, was auch immer es sein mochte. Er stand da und strahlte die Welt an und sie strahlte zurück. Er hätte ewig so bleiben können, kein inneres Drängen störte mehr seine Ruhe, es schien ihm, als sei bereits alles getan, als könne alles bleiben wie es war. Fast hatte er vergessen, warum er hierhergekommen war, sein Auftrag schien ihm eine Nichtigkeit, er war dem Himmel so nah, eingehüllt in den Mantel des Glücks.

Doch dann keimte in ihm ein weiteres Gefühl, er erinnerte sich, dass er nicht allein auf dieser Welt war, dass es viele andere gab, die dieses Glück nie kennengelernt hatten. Und er gedachte auch des Königspaares, das dieses Glück durch ein gemeinsames Kind zu erlangen hoffte. Wie aus einem Traum erwachte er, wusste wieder um seinen Auftrag und war entschlossen, ihn eiligst zu Ende zu bringen. Er blickte den Wasserlauf entlang, sah, wie er in die Tiefe weiterplätscherte, ein paar Schritte ging er ihn entlang, da blickte er vom eben erklommenen Felsen hinab in die darunterliegende Ebene. Dort stand sie, die zwölfte der Weisinnen, und winkte ihm, zu ihr zu kommen. Er nahm sein Pferd am Zügel, um einen weiteren felsigen Weg hinabzugehen. Nach wie vor fühlte er sich so leicht, als schwebe er über alle Hindernisse hinweg. Auch der Hengst hatte aus der Quelle getrunken und schien von derselben Leichtigkeit erfüllt. Der lange Weg hinab dauerte für die beiden daher nur einen kurzen Moment.

»Bist du endlich da, ich dachte schon, du würdest für immer da oben bleiben!«, rief ihnen die Weise Frau entgegen. Der Reiter blickte sie ratlos an. Er hatte doch gerade mal einen Schluck Wasser getrunken und für einen Augenblick dieses wundervolle Gefühl genossen. Die Frau sprach: »Ja, für dich stand da oben die Zeit still, du hast das zwölfte Wasser getrunken, die Essenz der allumfassenden Liebe, alles Glück der Welt ist darin enthalten. Diesen Ort erreichen die Menschen üblicherweise erst nach ihrem irdischen Dasein, nur wenigen ist es vergönnt, zu Lebzeiten davon zu kosten. Denn nur wer die Prüfungen des Lebens besteht, gelangt dorthin. Doch du hast in so kurzer Zeit bereits elf der dreizehn Aufgaben ohne zu zögern, ohne Murren bestanden, deshalb durftest du bis zur Quelle und aus ihr trinken.

Und auch dein Pferd hat harte Arbeit geleistet, deshalb war es auch ihm vergönnt. Nun aber wartet meine Aufgabe auf dich, wir sind voll Vertrauen, dass es gelingt. Denn so steinig und steil, wie der Weg zur Quelle, so herausfordernd ist auch diese.«

Erst jetzt bemerkte er, dass die Sonne bereits untergegangen war und die Nacht sich am Himmel breit machte. Immer noch fühlte er sich unbesiegbar, keine Schwierigkeit schreckte ihn ab, freudig erwartete er deshalb die Anweisungen der Weisen Frau. »Sieh, hier führt eine Treppe hinauf in den Himmel, weit über die Wolken hinaus. Sobald der Morgen anbricht musst du sie emporsteigen. Hinter den Wolken wirst du erkennen, was du zu tun hast. Dein Hengst wartet einstweilen auf dich, ich werde gut für ihn sorgen.«

Das klang, als würde es lange dauern, bis er zurückkehren konnte. »Es wird die Zeit dauern, die es braucht, für dein leibliches Wohl ist gesorgt«, antwortete die Weise Frau, ohne dass er die Frage gestellt hätte. Nun denn, so knapp vor dem Ziel wollte er keinesfalls aufgeben. Kaum begann die Sonne den Himmel wieder zu erhellen, machte er sich an den Aufstieg in die Lüfte. Der Wind begrüßte ihn ein wenig ruppig, doch sein Lied verhieß ihm Wohlwollen. Er würde ihn nicht hinunterblasen, auch wenn es ihn ein wenig beuteln würde, er täte ja auch nur seine Pflicht, meinte der Luftbeweger.

Immer weiter ging es hinauf, der Wind wurde stärker, doch seine Füße stiegen unaufhaltsam die Himmelstreppe aufwärts. Schließlich hatte er die Wolke erreicht, in die sie mündete. Nebel umgab ihn, er konnte kaum seine Hände erkennen und kalte, feuchte Luft ließ ihn schaudern. Doch nach einigen weiteren Schritten stieß er hinaus und hellstes Sonnenlicht blendete ihn. Staunend blickte er um sich. Auf der weiß schimmernden Oberfläche der Wolke hatte sich ein merkwürdiges Volk versammelt. Kleine goldene und silberne Figuren, teils mit Flügeln, teils mit kleinen windmühlenartigen Scheiben ausgestattet, flogen sie blitzschnell hin und her. Sie schaufelten Wolkenteile, türmten sie übereinander, zerteilten sie an anderen Stellen und stießen gelegentlich auch durch die Wolkendecke, wobei sich das in ihr enthaltene Wasser als Regen über die Erde entlud. Inmitten des Getümmels saß der Wind, der das gesamte Wolkengebilde vor sich her blies. Er war es auch, der den Neuling erspähte, hatte er ihn ja bereits beim Aufstieg begleitend verschont: »Willkommen, tapferer Jüngling, in meinem Reich! Siehst du meine Windlinge, wie sie eifrig die Wolkenformation beständig umgestalten und für Regen sorgen, wo es Not tut? Sie machen es tagaus, tagein und beginnen sich zu langweilen, die Eintönigkeit lässt sie ermüden, die Wolken sind in Gefahr. Du sollst für Abwechslung sorgen, eine neue, herausfordernde Aufgabe sollst du für sie erfinden, die sie von Zeit zu Zeit unterhalten kann, damit sie anschließend mit neuer Kraft ihr Tagwerk erledigen.«

Wie nur sollte das gelingen? Die Winzlinge schienen beständig in Bewegung, von Langeweile sah er auf den ersten Blick nichts. Doch dann entdeckte er einen Wolkenzipfel, da lungerten einige größere herum, ihre Flügel schlaff zur Seite gelegt, träumerisch in den Himmel schauend und mit Sonnenstrahlen spielend. Einer hatte begonnen, die Strahlen zu verknoten, eine andere zupfte kleine Wolkenflöckchen und durchlöcherte damit das wässrig-eisige Gebilde, eine dritte bündelte die Sonnenstrahlen und machte sich daran, diese Eisklümpchen aufzuschmelzen. Und ein wenig abseits entdeckte er zwei, die sich um die Wolkenhaufen zu balgen anschickten. Kurzum, sie hatten Unsinn im Sinn, statt ihre Erfindungsgabe für Nützlicheres einzusetzen. «Im Himmel ist es offenbar das Gleiche – kaum dem Kindesalter entwachsen haben die Geflügelten keine Vernunft mehr, wollen aber ihre Ideenfreude ausprobieren«, ging es ihm durch den Kopf. Es brauchte also eine Aufgabe, bei der sie ideenreich sein mussten, vielleicht auch im freundschaftlichen Wettbewerb gegeneinander. »Vater Wind, gibt es ein kompliziertes Problem in deinem Reich, für dessen Lösung deine halbwüchsigen Winzlinge ihre Geistesblitze erproben könnten?«, wollte er wissen. Er wunderte sich über sich selbst, es war wohl der sechste Sinn, von dem die elfte Weise gesprochen hatte, der ihm nun zu Nutzen war. Der Wind blies erstaunt aus allen Öffnungen – warum war ihm das nicht schon eingefallen? Natürlich, sie könnten sich austoben und die Flügel und Windräder erproben an den Flauten! Denn mitunter ging auch dem Wind die Puste aus, da konnten die Kleinen sich mal nützlich machen. Außerdem ging das nur gemeinsam, nur im Gleichklang konnten sie ausreichend Gebläse erzeugen, dass sich so eine ordentliche Gewitterwolke fortbewegte oder eine flotte Brise die Segel der Schiffe füllen und diese vor sich herfahren ließ. Es war schon ein Risiko – wenn sie zu viel bliesen, würde ein Sturm entstehen, wo er gerade nicht geplant war, waren sie aus dem Gleichklang, drehten sich die Wolken vielleicht im Kreis. Aber genau das war ja die Herausforderung, dass sie eigenständig ihre Fehler erkannten und es beim nächsten Versuch dann besser machten. Wer seiner Nachkommenschaft nichts zutraut, der kann von ihr auch nichts erwarten, beruhigte der Wind seine Zweifel. »Nun musst du es ihnen nur noch schmackhaft machen, denn sie sind arbeitsscheu geworden.« – »Da habe ich keine Bange, es ist doch nur ein Windspiel. Und jene Gruppe, die ihre Aufgabe besonders gut macht, darf dann einmal über den Regenbogen rutschen, was meinst du, Vater Wind?« Da lief ein Schmunzeln über die aufgeblasenen Backen des Alten. Oh ja, in Jugendtagen hatte er das auch gemocht, und sich heimlich davongeschlichen und war den Regenbogen hinuntergeglitten. Doch hatte er es so geschickt angestellt, dass er nie aufgeflogen war, deshalb war er dann auch zum Oberwind aufgestiegen. Ja, er erinnerte sich an die Schelmereien seiner Jugend, doch es hatte eines Menschen gebraucht, um ihn daran zu erinnern. »Nun denn, dann erlaube ich der Rasselbande mal das Spiel der Winde, sie mögen sich erproben. Und ich werde sie beobachten, um meine Nachfolger zu entdecken. Ich danke dir, du mutiger Reiter, dafür schicke ich den ersten Regenbogen zu dir, damit du rasch wieder zur Erde gleiten kannst.« Sprach's und blies alsbald eine Regenwolke herbei, und weil die Sonne drauf schien, war auch bald ein bunter Bogen über den Himmel gespannt, auf dem der junge Mann sanft hinabglitt.

Es war ein schöner Ausflug gewesen, er fühlte sich beschenkt, zu einer Lösung beigetragen zu haben, die alle glücklich machen konnte und gleichzeitig nutzbringend war. Die Zwölfte empfing ihn freundlich, führte ihm sein Pferd zu und sandte ihn zur letzten ihrer Schwestern. »Sie ist ein wenig anders als wir zwölf, sie hat eine sehr besondere Aufgabe, die bei den Menschen wenig beliebt ist. Doch sie wird die Fragen beantworten, die dich beschäftigen. Sie wird streng mit dir sein, doch wenn du ihr mit Respekt begegnest, wirst du schon mit ihr auskommen. Du musst durch die Nacht reiten, sie bevorzugt diese Zeit des Tages.

Der Reiter stieg auf, es war sein letzter Auftrag, bevor er alle gemeinsam in ihrem Schloss befragen konnte, weshalb er erwartungsvoll die Furt im zwölften Fluss durchritt. Angst hatte er nun keine mehr, auch die Nacht schreckte ihn nicht. Und die Aussicht, auf all seine Fragen Antworten zu erhalten, spornte ihn zusätzlich an. Er winkte zum Abschied, und verschwand in der Finsternis.

Ein Dutzend Prüfungen – der hürdenreiche Weg der Zwölf zur Liebe

Zwölf Aufgaben hat unser Held bisher gemeistert, und damit die Hindernisse überwunden auf dem Weg zum Rat der Weisen Schwestern. Er hat Ängste überwunden und Mut bewiesen, ist sich selbst nähergekommen und hat die Chance genutzt, seine Motivation und seine Haltung dem Leben gegenüber zu hinterfragen. Schließlich wird sein Herz mit Liebe erfüllt, und er erfährt die Leichtigkeit des Seins, wenn es von dieser Kraft getragen ist. So in etwa stellt sich der Weg eines Menschen dar, der an einem Zwölften des Monats geboren wurde. Über viele Hürden geht er seinen Weg, um in die Freiheit zu gelangen. Die Eins ist der Antreiber, die Zwei bietet die Ruhepausen, im Wechselspiel von »Ich will« (weiter, zum Ziel, etwas erreichen) und »Ich zögere, habe Angst, bin unentschlossen«, bis zu »Ich bin mutig, ich vertraue, ich gebe mich hin« werden Stolpersteine überwunden und Prüfungen bestanden. *»Auch aus Steinen, die einem in den Weg gelegt werden, kann man Schönes bauen«* wird J. W. v. Goethe zugeschrieben, jedenfalls ist es ein schöner Spruch, um die Qualität der Zwölf zu veranschaulichen.

Der Gemeinschaft dienlich sein ist das Credo der Zwölf, ihr geht das Herz über, das Denken kommt dabei nicht immer nach, sie ist genau das Gegenteil der Sieben, in beiden Fällen sollen Herz- und Hirndenken in Einklang kommen. Zwölf Töne umschließt eine Oktave, wenn sie alle gleichzeitig erklingen, werden sie eher als Lärm empfunden, finden eine Auswahl zueinander passender Töne zusammen, ist es eine Wohltat.

Das Ego (1) zu überwinden und das Teilen (2) zu üben ist die Aufgabe der Zwölf, sie gewinnt dadurch Einsichten und Demut – ein unbeliebtes Wort, wurde es doch durch kirchliche Vereinnahmung sehr einseitig und damit missverständlich besetzt. Sich als Teil der Schöpfung wahrzunehmen, statt als deren Ausbeuter, das ist Demut. Zu werden, wie man gemeint ist, anstatt sich einer Rolle anzupassen, die als erstrebenswert vorgegaukelt wird, zu lieben, statt beliebt sein zu wollen, all das sind Zwölfer-Themen. Das »Ich will« mit »lernen« ergänzen, das ist $1 + 2 = 12$.

Aus der Bibel wissen wir von den zwölf Aposteln, die bedingungslos Christus gefolgt sind. Doch trotz dieser absoluten Hingabe und Gefolgschaft bleiben sie schwache, fehlerhafte Menschen. Sie zweifeln, haben Angst, lassen ihren Meister im entscheidenden Moment im Stich. Petrus, der Fels, auf dem die Kirche gebaut werden soll, unterliegt seiner Angst und verleugnet die Zugehörigkeit zu dem, dem er bisher überallhin gefolgt ist. Doch selbst ihm wird verziehen, er erhält eine neue Chance (3), sich als würdig zu erweisen und wird tatsächlich der erste Kirchenvater. Somit erzählt uns die Zwölf auch von der göttlichen Gnade, wir dürfen scheitern, und uns an der nächsten Aufgabe erneut erproben.

Einer meiner Klienten ist an einem 12. 12. geboren. Ein riesengroßes Herz fließt über in einem bärengroßen Körper. Täglich trifft er weitreichende Entscheidungen in einem Beruf, der sich mit den Abgründen menschlicher Handlungen und deren Folgen befasst. Er leidet an so manchem, der rücksichtsloser vorgeht, dem aber dennoch das scheinbar erfolgreichere berufliche Fortkommen gelingt. Dennoch bleibt er beharrlich, vor allem aber sich selber treu und erfüllt seine Pflicht. Zu Letzterem trägt auch die Energie seiner Lebenszahl bei, einer Fünf.

Zwölf Schwäne und ein schweigsames Mädchen

Mit fast unmenschlicher Ausdauer schweigt im Märchen »Die zwölf Brüder« eine Königstochter sieben Jahre lang. Auch lachen darf sie in dieser Zeit nicht, denn nur dadurch können ihre zwölf in Raben verwandelte Brüder wieder Menschengestalt erlangen. Die Zahl Zwölf hat ähnlich wie die Drei und die Sieben symbolische Bedeutung in vielen tradierten Märchen, zugrunde liegt allen die göttliche Zahl drei, im Falle der Zwölf vervierfacht, das heißt, mit der Zahl, die die Erde symbolisiert, vervielfacht. Bei der Zahl Sieben wirkt, wie bereits hervorgehoben, die Addition der beiden Zahlen als Symbolik, hier die Multiplikation. In beiden Varianten geht es um die Verbindung von Himmel und Erde, von Gott und Materie, von Kether und Malkuth. Ihre Vereinigung bedeutet Erlösung, der Weg dorthin bedeutet Einsatz des Lebens im Kampf (sieben) und den steinigen Weg der Prüfungen (zwölf). Den himmlischen Zustand, wenn sie erreicht ist, erlebt der Reiter durch den Schluck aus der Quelle des zwölften Flusses.

Doch ewiger Friede bedeutet auch Stillstand, deshalb folgt die Dreizehn, sie bringt die Wandlung, indem sie die Harmonie zerstört, das erstarrte Wohlsein vernichtet, das Versprechen von Sicherheit entlarvt, das nur durch ein Verharren im Gewohnten erreicht wird.

Doch bevor wir zur Weisheit der Dreizehn vordringen, wollen auch diejenigen Bescheid wissen, die etwa mit der Lebenszahl Sechs einen Menschen mit derselben an ihrer Seite wissen.

Die Harmonie der Zwölf in der Zweisamkeit

Im Märchen steht die Zwölf für Harmonie, genauso harmonisch kann eine Zwölfer-Partnerschaft verlaufen. Auch zehn und zwei können gemeinsamen Frieden genießen, ebenso wie die weiteren Kombinationen drei und neun, vier und acht oder sieben und fünf. Je nach dieser unterschiedlichen Zusammensetzung werden sie sehr verschieden verlaufen. Gemeinsam ist allen, dass sie Prüfungen gemeinsam zu meistern haben, doch werden ihnen auch viele Chancen dafür geboten. Wie bei allen Partnerschaften, die eher harmonisch verlaufen, besteht das Risiko, dass einer der beiden ausschert, weil es zu ereignislos bleibt, weil zu wenig »Action« stattfindet. Diejenigen aber, die der Weisheit schon nähergekommen sind, wissen diese Liebeswolke ohne Berg- und Talfahrten zu schätzen und pflegen das Gemeinsame, das sie verbindet und trägt. Eine Zwölferverbindung bedeutet, sich aufeinander einzulassen und Eigenes, wenn nötig, zurückzunehmen – besonders für Dreiergeprägte eine Herausforderung – zum Vorteil der Gemeinschaft. Daher ist die Zwölf für ein Paar eine wunderschöne Basis, um eine Familie zu gründen. Und durch die Lebenszahlen der Kinder kommt Bewegung in die harmonische Zweisamkeit. Damit es auch weiterhin glückt, ist es – wie für alle Eltern generell – essentiell, sich auch als Paar Zeit zu gönnen, sich dem/der Partner*in zu widmen, ihren bzw. seinen Bedürfnissen, Überlegungen, Problemen, Freuden und Interessen. Wer nur in der Elternschaft aufgeht, verliert leicht das Begehren für den Mann respektive die Frau. Kein Babysitter ist zu teuer, um die kostbare Liebe zueinander zu riskieren.

Mit dem dreizehnten Fluss hat der Reiter des Königs auch seine letzte Aufgabe vor sich und kein weiterer Fluss trennt ihn vom Weg zu den dreizehn Schwestern.

ENDLICH AM ZIEL UND DOCH ERST AM ANFANG

Ein Sturm kam auf, die Büsche beugten sich unter dessen Wucht, Blätter und Gräser wirbelten durch die Luft. Der Reiter beugte sich dicht über sein Pferd, um den tobenden Luftmassen geringstmöglichen Widerstand zu bieten. Sie eilten dahin, das Buschwerk wurde dichter, sein Pferd musste ein ums andere Mal drüberspringen. Plötzlich blieb es stehen. Der Sturm war einer tiefen Stille gewichen. Sie standen auf einer Anhöhe, rechts und links stachen moosbewachsene Felsen aus dem Boden heraus und vor ihnen öffnete sich eine Schlucht, in deren Tal sich der dreizehnte Fluss dahinschlängelte. Der Mond hüllte die Szenerie in sein kaltes Licht, sie wirkte unwirklich, wie aus einer anderen Welt.

Eine große hagere Gestalt stand am Ufer, eine Fähre lag dort vor Anker. Seine innere Stimme, der er nunmehr zu vertrauen gelernt hatte, warnte ihn, keinesfalls auf dieser den Fluss zu überqueren. Er müsse hindurchreiten durch den Fluss der Dreizehn, wollte er wohlbehalten ins Schloss der Schwestern gelangen. Zuvor aber musste er die dreizehnte Aufgabe lösen, das Überqueren war nur der letzte Schritt vor seinem Ziel. In der Ferne begannen Wölfe zu heulen, sein Pferd spitzte die Ohren und suchte einen Pfad hinunter ins Tal. Im Schutze der Felswand gelangten sie hinab. Es war nicht weit, den dreizehnten Fluss säumten Nadelbäume, die sich weiter oberhalb zu einem Wald verdichteten. Langsam, ein wenig unsicher, denn die zwölfte hatte ihn ja gewarnt, näherte er sich der hageren Gestalt, es musste die dreizehnte der Weisen Frauen sein. Sie blieb unbewegt, sah weiterhin auf das Floß und das unter ihm dahinfließende Wasser und sprach:»Du willst eine Überfahrt? Du bist ein wenig jung, doch sei's drum.« –»Ihr irrt, Weise Frau, ich brauche Eure Fährdienste nicht. Ich habe zwölf Flüsse überquert, zwölf Aufgaben erfüllt und bin nun bereit für die dreizehnte, um danach in euer Schloss zu kommen für die Antwort, derentwegen ich losgezogen bin. Seid so gut und stellt mir nun Eure Aufgabe.« Langsam wandte sie sich um, ein knochiges Gesicht, aus dem die Augen dunkel herausglänzten, war unter dem dunklen Schleier, der ihre gesamte Gestalt umgab, zu erkennen. Lange betrachtete sie ihn, es schien ihm, als wäre es nun sie, die alle seine Leben auf einmal im Blickfeld hatte. Dann nickte sie – wie ihm schien mit einer Andeutung von Anerkennung – und sprach mit tiefer, ein wenig blechern tönender Stimme:»Nur selten kommt hier jemand an und kann die Überfahrt vermeiden. Einige versuchen zwar zu handeln, aber schließlich müssen sie doch hinüber. Doch bei dir muss ich eine Ausnahme machen, meine Schwestern haben dich schon angekündigt. Nun denn, auch unsereins braucht mal Veränderung.« Sie drehte nun ihren ganzen Körper, sodass der Fluss in ihrem Rücken lag.»Ganz recht, die dreizehnte Aufgabe wartet auf dich. Bist du bereit, dich von allem Gewohnten zu trennen? Auch von Meinungen und Regeln, die bisher dein Leben bestimmt haben? Du wirst nicht mehr derselbe sein, wenn du den Fluss überquert hast.« –»Ehrwürdige Weise Frau, ich habe auf dieser Reise schon so viele meiner Gesichter gesehen in den verschiedensten Rollen und Zeiten, ich weiß ohnedies schon gar nicht mehr, wer ich wirklich bin. Vielleicht lässt mich deine Aufgabe wieder zu mir finden. Auch habe ich viele Fragen, für die ich mir Antworten erhoffe, deine Schwester meinte, du wärest dafür die Richtige.« Er meinte, ein tonloses Lachen bei ihr zu entdecken, aber gleich war sie wieder streng und ernst. Dazu wäre Zeit – nachdem er die Aufgabe erfüllt habe, gelänge ihm dies nicht, brauche er auch keine Antworten mehr.

Da war sie wieder, die Ausweglosigkeit – es blieb ihm keine Wahl, entweder es gelang ihm oder es wäre sein Ende, dann müsste er wohl doch mit der Fähre übersetzen. Aber warum sollte es ihm misslingen, er konnte sich nichts vorstellen, das noch unmöglicher wäre als die zwölf bereits erfüllten Aufgaben.

Glücklicherweise reicht unsere Phantasie nicht immer aus, die Hürden auszudenken, die uns in den Weg gestellt werden, viele Meisterleistungen würden sonst vielleicht nie erbracht. Der junge Mann wusste von dieser Schonhaltung noch nichts, er fühlte sich ausreichend gerüstet und bereit für alles, was die Dreizehnte von ihm verlangen würde. »Geh in den Wald, alles Weitere findet sich dort«, waren ihre letzten Worte, dann drehte sie sich wieder dem Fluss zu und der Fähre, bereit, eine Seele hinüberzufahren, deren Zeit gekommen war.

Diesmal ging es also in einen Wald. Immer dichter reihten sich die Nadelbäume aneinander, das Pferd musste erneut auf seinen Reiter am Waldesrand warten. Es war ein unbequemer Weg: Äste zerkratzten sein Gesicht, zwischen einigen der Bäume musste er sich regelrecht durchzwängen, an anderen Stellen wiederum war bequem Platz. Noch war die Nacht nicht zu Ende, der Mond schaffte es nicht, sein Licht durch die dichte Nadelmenge durchzusenden, wieder musste er sich auf sein Tastgefühl verlassen und seinen sechsten Sinn, um die Richtung zu wählen. Er war ein gutes Stück in den Wald vorgedrungen, da hörte er eigenartige Geräusche, die er nicht hätte beschreiben, noch viel weniger nachahmen können. Es war eine Mischung aus Schnarren, Kreischen und Knarren, durchzogen von hohem Pfeifen, die Lautstärke nahm ab und zu, je nachdem, wo gerade er sich befand. Obwohl es keine angenehmen Klänge waren, blieb er davon dennoch seltsam unberührt, es war, wie wenn etwas Glitschiges den Körper nicht berühren konnte, weil eine Glaswand dazwischen den direkten Körperkontakt verhinderte. Er ging diesem Geräusch nach, immerhin war da etwas, das eine Richtung vorgab. Ein paar Lichtstrahlen bahnten sich den Weg durch die Äste, der Tag brach an. Das erinnerte ihn daran, dass es schon lange her war, seit er geschlafen hatte. Bisher hatte er seine Erschöpfung nicht wahrgenommen, die nun schlagartig über ihn hereinbrach. Er wollte sich nur kurz an einen der Bäume anlehnen, um ein wenig Kraft zu tanken, da schrie dieser auf:»Wage es nicht, Menschling, wir Bäume im Reich der Dreizehn sind heilig, niemand darf sich ungefragt an uns vergreifen. Nur weil du im Auftrag der dreizehnten Schwester gekommen bist, haben wir dich durchgelassen, nun schau, dass du weiterkommst und deinen Auftrag erfüllst, damit wir schnellstens wieder unter uns sind!« Die Gelegenheit ergriff der junge Mann und rief zurück:»Weißt du denn, was mein Auftrag ist und wohin ich gehen muss, um ihn zu erfüllen?« Da kicherte es aus jedem Stamm heraus, als würden sie ihn alle verspotten.»Was bist denn du für einer, willst eine Heldentat vollbringen und weißt nicht mal welche!« Doch dann ertönte eine einzelne Stimme, etwas tiefer als die anderen, etwas gesetzter, und mahnte:»Seid nicht so ungerecht, das ist ja Teil der Aufgabe, dass er herausfindet, worum es eigentlich geht.« – »Ach so, ach so!«, rauschte es zurück und mit einem Mal bogen sich die Stämme zur Seite und öffneten ihm einen Weg. Nun ging es schon viel leichter voran und schließlich erreichte er eine Grube, in der kaum Bäume wuchsen und in deren Mitte ein Holzpflock stand. Eine Axt war zuoberst eingeschlagen, die Wunde war der Ursprung des seltsamen Geräusches. Unaufhörlich floss daraus ein schwarzes Harz, das sich in der Grube gesammelt hatte und eine spiegelnde Oberfläche bildete. Er ahnte, dass er darin ein neues Bild seiner selbst erblicken würde, konnte aber nicht anders, es zog ihn regelrecht zu der Stelle. Wie ein dunkles Geheimnis blickte ihm da ein hartes Gesicht entgegen und erneut konnte er die gesamte Geschichte, die zu dieser Verhärtung geführt hatte, erkennen. Diesmal aber war es nicht nur sein Ebenbild, sondern er sah darin die lange Reihe seiner Vorfahren und all das Leid, das sie so hart gemacht hatte. Darum ging es also, diese alte Last loszulassen, die Ansichten seiner Ahnen, die entstanden waren aus deren Erfahrungen und wie sie in ihrer Zeit damit umgehen konnten. In seinem Denken formten sich Phrasen und Sinnsprüche, die sich gleichzeitig wohlbekannt und unverrückbar eingeprägt sowie seltsam fremd und aufgebürdet anfühlten. Zu jedem dieser Sätze erschien ein neues Abbild, ein jedes dem des Vorgängers ähnlich dennoch von ganz eigenen ausgeprägten Unterschieden gezeichnet. Ein Eichhörnchen hatte sich neben ihm eingefunden und während es eifrig an einer Nuss knabberte, mahnte es ihn eindringlich:»Bevor du loslässt musst du ... hm, hm, hm, köstlich diese Nuss ... hm, hm, hm ... musst du dich bedanken bei deinen Ältesten. Sie haben dir den Weg geebnet ... hm, hm, hm ..., Erfahrungen gesammelt und dir ihre Weisheit weitergegeben. Zum Dank übergibst du ihnen jetzt die Lasten, die du bis jetzt für sie getragen hast. Mit der Kraft deiner Jugend angereichert können sie nunmehr, über alle Zeiten hinweg, das noch Ungelöste anschauen und verwandelt hinter sich lassen. Du ebnest dadurch nicht nur deinen Weg in die Zukunft, sondern auch gleich die deiner Nachkommen.« Vor lauter Botschaftseifer hatte das Tier ganz zu knabbern vergessen, nun aber nahm es seine Nage- und Sammelarbeit wieder auf und verschwand eilig zwischen den Bäumen. Der junge Mann blieb abermals überwältigt zurück. Nachdem er seinen eigenen Existenzen und denen seiner Vorfahren quer durch die Zeiten begegnet war, sollte er nun auch noch Lasten loslassen, von deren Existenz oder Art er noch nicht einmal gewusst hatte! Er erinnerte sich der Mahnworte der Weisen Frau, für Fragen war nach seiner Rückkehr Zeit, nun galt es, einfach loszulassen, den Ahnen ihre nicht bewältigten Aufgaben zurückzugeben, ihre Gedankengebäude, Moralvorstellungen, daraus erwachsene Regeln ebenfalls. Was würde wohl übrigbleiben? Hatte er dann überhaupt noch eine eigene Persönlichkeit, konnte er seine eigenen Schlüsse aus dem Erleben ziehen und daraus seine eigenen Werte und Regeln ableiten? War es überhaupt möglich, sich ganz zu lösen von dem, was wir von anderen, insbesondere Eltern und anderen Familienmitgliedern, die es besser zu wissen meinen, als eigene Wahrheit übernommen haben? Er blickte in den dunklen Spiegel und sah darin nichts mehr, nur mehr Schwärze, die ihm vorkam wie ein Loch, durch das er in ein anderes Universum gelangen konnte. Sollte er es wagen? War das sein Auftrag, auf die andere Seite des Seins zu wechseln? Würde er von dort jemals zurückkehren, zurückkehren wollen? Die Glöckchen schienen ihm nicht die Richtigen zu sein, um auf diese Fragen eine Antwort zu erhalten, auch die Tiere wären damit wohl überfordert, dachte er. Einen Schluck Wasser des Wissens hatte er noch in Reserve, das konnte nicht schaden, doch würde es ausreichen? Er entsann sich der vier Steine, die er von der vierten der Weisen Frauen erhalten hatte. Er hatte sie ganz vergessen, würden sie ihm nun von Nutzen sein? Er hatte kaum eine andere Wahl, und wofür wollte er sie aufheben? Also öffnete er den Beutel, nahm die Steine heraus und legte sie vor sich auf den Waldboden. Jeder hatte eine andere Farbe, gemeinsam erschienen sie ihm wie ein Teil des Regenbogens. Er legte sie um das schwarze Loch, nahm den letzten Schluck Wasser des Wissens zu sich und wartete.

Die Mittagssonne war inzwischen hochgeklettert und schien direkt auf die spiegelglatte schwarze Harzfläche. Die Steine verbanden sich mit ihren Strahlen und spannten über die dunkle Fläche ein Netz aus Licht. Er erinnerte sich an die Lichtbrücke, die die Meere des Wassergnomenpaares verbunden und damit die sechste Quelle wieder ins Fließen gebracht hatte. Dieses Lichtspiel zog ihn an mit aller Macht und endlich war er aufgefangen von dem Netz aus Abermillionen Lichtpunkten. Sie hielten ihn in der Schwebe zwischen Helligkeit und Finsternis des schwarzen Lochs, das den Weg in die Unendlichkeit zu öffnen schien. Da durchfuhr es ihn, die Fähre hatte er gemieden, dies war die nächste Verlockung, in andere Welten zu wechseln. Er wusste, noch war es nicht seine Zeit, doch eine Ahnung vom anderen Ufer nahm er mit, sie würde ihn für immer begleiten. Nun war sie gefallen, die Entscheidung, im Hier und Jetzt zu bleiben und seinen Auftrag zu Ende zu bringen. Doch hatte er die Aufgabe der Dreizehn schon vollends gelöst? Er wusste vom Schicksal und Einfluss der Ahnen, er hatte sich für das Leben entschieden mit all seinen Herausforderungen und der anstehenden Pflichterfüllung. Er sah rundum auf die Bäume, ob diese noch eine Botschaft für ihn hätten, doch diese beugten nur ein wenig ihre Wipfel, es schien ihm wie eine Verbeugung, die er abwehrte – er habe nur seine Aufgabe so gut wie irgend möglich erfüllen wollen. Erneut bogen sich einige Stämme zur Seite, um einen Weg zu öffnen zurück zum Fluss. Die Weise Frau hatte nicht übertrieben. Er war ohne Zweifel ein anderer, den er erst kennenlernen musste. Doch spürte er sich wieder, entwickelte ein Gefühl für sein neues Sein, war neugierig auf neue Eindrücke. Nun, da der Weg leicht war, war er rasch zurück beim Fluss. Die Dreizehnte stand unverändert am Ufer, doch als er sich näherte, wandte sie sich abermals ihm zu. »Du hast deine Sache gut gemacht und die Entscheidung für das Leben getroffen. Nun werde ich deine Fragen beantworten: Die Seele reist durch viele Leben, ändert ihre körperliche Hülle, um nur auf der Erde mögliche Erfahrungen zu machen. Denn nur hier kennen wir das Paar von hell und dunkel und anderen Gegensätzen. Ihr Menschen nennt es Gut und Böse, ordnet es Orten zu, die ihr Himmel und Hölle nennt. Doch das sind irdische Bilder, das Universum kennt keine Wertung, alles ist gleich wertvoll. Die Menschen sind mit der Gabe des Vergessens ausgestattet, doch die Seele erinnert sich an alle Leben und dessen Folgen. Sie kann durch alle Zeiten reisen und die neu gewonnenen Erkenntnisse in das Gesamte einfügen. Deshalb ist Schicksal nicht unabwendbar, jederzeit kann sich alles wandeln, zum Behindernden wie zum Förderlichen, je nachdem, für welchen Weg du dich entscheidest. Du hattest das Privileg, einige Varianten deiner Seelenwirklichkeit zu sehen, ja sogar die Gesamtheit wurde dir vor Augen geführt – nutze dieses Wissens weise, dann wirst du zufrieden leben und auch zum Glücklichsein vieler anderer beitragen.« Ihr entging nicht die fragende Miene des Mannes, jung an Jahren, doch der Weisheit des Alters bereits nahegerückt, deshalb fuhr sie fort: »Die Ahnen sind Teil der Seelenfamilie, alles, was hier auf Erden gelernt wurde, steht allen zur Verfügung. Doch kehrt die Seele in ein menschliches Dasein zurück, nimmt sie sich auch eine Auswahl an Ungelöstem mit. Ihr Ziel ist es, im Laufe des Lebens diese Altlast zu wandeln in die Energie der Liebe, denn alles wird zu dieser, sie ist die einzige Kraft, die ewig Bestand hat. Nicht immer gelingt es, die Gegenteile wirken entgegen, aber auch die Trägheit, die die Verdichtung als Körperwesen mit sich bringt, verhindert so manches. Denn der Eigensinn des Einzelwesens widersetzt sich allzu oft dem Wunsch der Seele, ermöglicht ihr dadurch aber auch zu lernen. Deshalb lebt ihr in Paaren und Gruppen, jeder Mensch ist dein Spiegel. Was dir an ihm missfällt, kannst du bei dir selbst verändern. Wer das erkennt und sich selbst überwindet, dem ebnen sich Wege, und Widerstände werden schwächer.«

Der Reiter hörte es wohl, das Verstehen würde sich finden, dachte er. Doch er nahm mit, dass er durch seine Entscheidungen und seine Lebensweise Einfluss nehmen konnte auf den Verlauf seines Daseins. Und damit war er wieder im Hier und Jetzt angekommen, sein Unterfangen war noch nicht zu Ende geführt. Er verabschiedete sich mit gebührendem Respekt, die dreizehnte der Schwestern wollte er sich gewogen behalten. Er stieg aufs Pferd und mit ein paar Sprüngen waren sie über dem Fluss. Eine Blumenwiese breitete sich vor ihnen aus, und in der Ferne sah er eine schlossartige Silhouette, das war sein Ziel.

Dreizehn – ihre Geheimnisse, warum sie verschrien ist und wir ohne sie nicht sein können

Wer loslässt, hat die Hände frei, um nach Neuem zu greifen – dieser Satz stand schon lange hier, noch ehe ich Weiteres zur Dreizehn niedergeschrieben hatte. Am Ende des Kapitels zur Zwölf habe ich es bereits erwähnt, die Dreizehn zerstört jegliche Illusion, sie ist die Energie, die uns dazu bringt, manchmal auch zwingend, Altes, Überholtes, Faules »sterben« zu lassen, zu transformieren. Freiraum (3) zu schaffen, damit Neues Platz hat, damit aus dem Fäulnisprozess neues Leben entstehen kann, neue Ideen (1) sich durchsetzen können. Sie wirkt wie das Feuer, das Materie in Asche und somit auch in eine andere chemische Zusammensetzung verwandelt. Ihr ist die Farbe Schwarz zugeordnet; in unserem Kulturkreis steht diese für Tod, aber auch die dunklen Seiten unserer Psyche, für die Eigenschaften, die wir gerne vor der Umwelt verbergen würden. Die Dreizehn holt sie an die Oberfläche und zwingt zur Wandlung, ein junger Phönix kann geboren werden.

Bevor etwas gewandelt werden kann, muss es offenbart, bewusst, sichtbar gemacht werden. Oder, wie eine Theaterkollegin es formulierte: »Bevor etwas *vom* Tisch kann, muss es erst mal *auf* den Tisch.« Am Dreizehnten

Geborene können den wunden Punkt akkurat benennen, aber auch darin herumbohren. Deshalb steht die Dreizehn im Zahlenbild der Kabbala für Kritikfähigkeit, die leider auch in Kritiksucht ausarten kann. In Letzterer bleibt stecken, wer nicht gelernt hat, auf die eigenen Schwächen zu achten und selbst loszulassen. Mit diesem Kritikmodus wird versucht, Todesangst zu verbergen, sie wird mit dem Glaubenssatz kaschiert:»Wer nicht für mich ist, ist gegen mich.« Bekanntes, Gewohntes wird krampfhaft aufrechterhalten, denn es täuscht Sicherheit vor. Weil wir Menschen zu diesem Festhalten tendieren, verharren wir sogar in quälenden, uns schädigenden, krankmachenden Lebensumständen. Die Energie der Dreizehn setzt dem ein Ende. Wer nicht freiwillig loslässt, seine Lebenssituation verändert, belastende Emotionen verabschiedet, sich von Menschen trennt, die ihm oder ihr nicht guttun, wird vom»geschickten Heil«, wie Schicksalsschläge in diesem Kontext bezeichnet werden, so lange gedrängt, bis es nicht mehr anders geht. Deshalb ist die Dreizehn als Unglücksbringerin verschrien. Der Verlust wird beklagt, statt die Befreiung gefeiert.

Oft erkennen wir mit einigem Abstand, dass diese erzwungene Trennung heilsam und damit glückbringend war. Doch nicht immer sind diese Rüttelaktionen in direktem Zusammenhang mit der Ursache, mit dem, was losgelassen werden soll. Viel eher treffen sie uns dort, wo es uns auffällt, wo es schmerzt, damit wir den Fingerzeig bemerken. Deshalb: wenn ein radikaler Bruch stattfindet, der für Sie nicht erklärbar ist, betrachten Sie Ihre gesamte Lebenswelt. Woran halten Sie fest? Das können zu viele Dinge sein, die nur Ballast sind und Sie am Weiterkommen hindern, eine Arbeitssituation, in der Sie verharren, weil Sie fürchten, keine andere mehr zu finden, eine unglückliche Beziehung, nur um nicht alleine zu sein, aber auch eine Meinung, eine Erwartungshaltung, die verhindert, dass das Unerwartete, für unmöglich Gehaltene doch eintritt.

Menschen mit einer Dreizehn im Geburtsdatum kennen es von klein an: Immer wieder loslassen, sich verabschieden gehört zu ihrem Lebensalltag. Zu erkennen, dass es der eigenen Entwicklung dient, erleichtert den damit verbundenen Abschiedsschmerz.

Der 13. Buchstabe des hebräischen Alphabetes, *mem*, steht für Selbst(er)kenntnis, diese ist grundsätzlich das Ziel unseres Erdendaseins. Wer von der Dreizehn geprägt ist, wird zusätzlich unaufhörlich und deutlich erinnert. Ihr Spiegelbild, die 31, steht für die stärkste Form der Beharrlichkeit, die sich, vierergemäß, als Starrsinnigkeit ebenso ausdrückt. Damit der Vierer, der sich aus der Dreizehn ergibt, in dieser nicht stecken bleibt, wird Loslassen gefordert. Und danach Tatensetzen. Die Triebkraft des Verharrens – um die Trägheit zu umschreiben – steckt ebenfalls in der 13. Durch Aktivität kommen wir ihrer Schubkraft zuvor. *Mem* ist auch das Zeichen für Wasser und damit alles dauerhaft sich Bewegende, Fließende. Die Kraft dieses Elementes wandelt stetig, sich selbst und alles, was in seinem Weg liegt. Es formt Landschaften, dient gemeinsam mit dem Element Feuer dazu, Speisen zu verwandeln und damit genießbar zu machen für die menschliche Verdauung. Auch hierbei entsteht chemische Veränderung. Das Entscheidende der Veränderungsenergie der Dreizehn ist, dass nichts zum Ursprünglichen zurückverwandelt werden kann. Im Gegensatz zur reformatorischen Energie der Zehn, die eher die Form, die Ausdrucksweise, oft auch abrupt, verändert, wobei aber die Inhaltsstoffe bestehen bleiben.

Sowohl im Märchen als auch in Legenden, aber vor allem im Buch der Bücher symbolisiert die Dreizehn das bzw. den Außergewöhnlichen, der außerhalb der Einheit des Dutzends steht und eine Sonderstellung einnimmt. Christus hatte zwölf Apostel, *mem* bedeutet auch *Messias*. Er ist Impulsgeber für die Erneuerung seines Volkes und in der Folge der Welt, auf Basis der Botschaft der Liebe, Zwölf. Er hat deren harmonische Vollendung integriert und kann sich selbst zum Opfer darbringen, um der Gemeinschaft (im Sinn der Gruppenenergie der Vier) die Erlösung zu bringen.

Die erlöste Form der Dreizehn lebt, wer das verstanden hat. Die Erneuerung ermöglichen, indem ich selbst mich herausnehme. Eine Zeitlang war ich befreundet mit einem Berater, der genau das zum Ziel hatte: Im Unternehmen alles Nötige in Gang zu bringen, um dann nicht mehr gebraucht zu werden. Sich selbst wegrationalisieren, statt den gut bezahlten Job festhalten zu wollen. Immer wieder begegnen mir Menschen, die entweder alles verloren oder bewusst aufgegeben hatten. Begeistert berichteten sie mir über die ungeahnte Fülle, die Erfüllung, die in die so entstandene Leere einfließen konnte. Es war ein neues Leben, und ein unvergleichbar besseres als zuvor, mit dem sie für ihren Mut, ihre Zuversicht, ihre Erneuerungsbereitschaft belohnt wurden.

Wir begegnen der Dreizehn

Die Energie der Wandlung, des Übergangs wird im Jüdischen symbolisiert durch die Bar Mitzwa, den Ritus, mit dem jüdische Knaben in die Runde der erwachsenen Männer aufgenommen werden, denn sie wird an deren dreizehnten Geburtstag zelebriert.

Die Symbolik der Dreizehn für den Übergang in einen neuen Lebensabschnitt begegnet uns auch in den überlieferten Märchen, besonders in *Dornröschen*. Dass der königliche Vater die dreizehnte Weise Frau des Landes nicht zur Taufe seiner Tochter einlädt, hat nur vordergründig mit dem fehlenden Gedeck zu tun. Denn indem er diese Abschiedsbringerin auslädt, hofft er, seine so lang ersehnte Tochter im Kindstatus und damit im elterlichen Umfeld zu bewahren. Doch natürliche Abläufe und Reifungsprozesse lassen sich nicht aufhalten, notfalls werden sie mit drastischen Maßnahmen in Gang gesetzt. Möglicherweise wusste die dreizehnte der Weisen Schwestern, dass die zwölfte, nach Harmonie strebende, Liebe verströmende für die gemilderte Form sorgen würde. Sie jedenfalls sorgt für einen radikalen, unveränderlichen Schnitt. Sobald du erwachsen wirst, sticht dich die Spindel und du bist tot. Auch so bliebe sie den Eltern erhalten, doch nur als Statue oder Grabmal. Ein ähnliches Bild entsteht mit *Schneewittchen*, die im gläsernen Sarg bewundert werden kann. Interessant ist, dass just an dem Tag, für den die Weissagung gilt, die Eltern ihr Kind sich selbst überlassen, also ihre Ich-Entdeckung und eigenständige Erforschung ihres Umfelds und damit den unabwendbaren Reifeprozess ermöglichen.

In ihrer Dissertation zur Perrault'schen Fassung »*La belle au bois dormant*«, etwa 130 Jahre vor der Grimm'schen Version *Dornröschen* herausgegeben, schreibt *Erika Wengersky*, was durch die Symbolik des hundertjährigen Schlafes vermittelt wird. In dieser Zeit des Träumens kann das weibliche Wissen und die Weisheit der dreizehn Frauen aufgenommen und integriert werden. Das braucht Zeit und ungestörte Ruhe. Erst wenn sie angebunden ist an dieses weibliche Ur- und Allwissen, ist sie gereift, sie kann selbstbestimmt mit einem Mann ihr Leben teilen und ein Reich regieren. Dass auf diese Weise männliche und weibliche Energie in äquivalentem Ausmaß vereint und auf Augenhöhe verbunden wird, ist das eigentliche Geschenk der Weisen Frauen.

Das Mondjahr wird durch dreizehn Mondzyklen bestimmt und damit dem weiblichen Zyklus entsprechend eingeteilt. Weil zwei Tage vor Vollmond laut Überlieferung die größte Unfallgefahr bestand, und dieser auf den dreizehnten Tag des Mondkalenders der Kelten fiel, wurde die Dreizehn zur Unglückszahl, so beschreibt es zumindest *Martha Sills-Fuchs* in ihrem Buch über die Kelten.

Nicht nur die Elf, auch die Dreizehn wird von starker Triebhaftigkeit begleitet, auch in diesem Fall mit dem Auftrag zur Transformation – erneut erinnere ich an Tantra als geeignete Praxis, um Spiritualität und Leidenschaft für euphorische Höhenflüge zu vereinen.

Die endgültigste und am stärksten von einem in einen komplett anderen Aggregatzustand verwandelnde Kraft ist der Tod. Deshalb wird die Dreizehn mit diesem assoziiert, auch die Tarotkarte mit der Zahl Dreizehn zeigt ihn. Nicht als Sensenmann, sondern als Gerippe in Rüstung, auf einem weißen Pferd, zumindest in der Rider-Waite Version, die allerdings von einer Frau, *Pamela Colman Smith*, 1909 gemalt wurden, nach Angaben des Parapsychologen Arthur Edward Waite. Dieser hatte im Zuge seiner Studien die Schriften *Éliphas Lévis* kennengelernt, der sich im Laufe des 19. Jahrhunderts sehr ausführlich mit der Kabbala und den traditionellen, aus dem 15. Jahrhundert stammenden Karten beschäftigt hatte. Die heute bekannten lehnen sich stark an diese Vorlage an, allerdings teils in anderer Reihung oder Bezeichnung. Ob die Bildgestaltung weniger oder stärker auf die Inspiriertheit der Malerin oder auf Waits Angaben beruht, kann nicht mehr rekonstruiert werden, es gibt kaum Briefverkehr dazu und die meisten Originale sind verschollen. Dass sie aber von einer Frau gemalt wurden, schien mir erwähnenswürdig – obwohl sie auf der Hülle der neueren Auflagen genannt ist, assoziiert man die Bilder mit Waite, der Verlag Rider hat sich auch noch in den Titel hineinreklamiert, nur die Frau, die sie erschaffen hat, wird übersehen. Verarmt und vergessen verstarb die Künstlerin 1951. Ein im Juli 2018 in Englisch erschienenes Buch holt sie endlich aus dem Schatten des Namensgebers der Karten heraus. Nach vier Jahrzehnten Forschung zeichnet es ein überraschendes Bild ihres aus heutiger Sicht feministischen Lebens und gibt Einblicke in ihr Werk, das viel mehr bietet als nur die berühmten Tarotkarten.

Dass die Karten selbst so populär sind, verdanken wir einem Zufall, einem zugefallenen Glück. Denn der passionierte Sammler *Stuart Kaplan*, der eigentlich mit Kohle- und Kupferminen handelte, entdeckte 1968 auf der Nürnberger Spielzeugmesse ein Set. Zurück in den Vereinigten Staaten schrieb er darüber ein Buch, das sich massenweise verkaufte und dem viele weitere folgen sollten. Er selbst widmete sich nur forschend und schreibend der Nutzung für Weissagungen, ihn interessierte die Geschichte von Kartenspielen und deren künstlerische Gestaltung. Deshalb sammelte er auch alles, was er über Colman Smith finden konnte, ergänzt mit den Forschungsergebnissen vier weiterer Autorinnen ist es nunmehr als umfangreicher Bildband erhältlich.

Ihr Tod trägt eine schwarze Fahne, auf der großflächig eine weiße, fünfblättrige Blüte dargestellt ist, genau sind es je fünf Blätter in drei Lagen, $3 \times 5 = 15$. Die Karte der Fünfzehn wiederum stellt, wie die sechste Karte, die Liebenden dar, allerdings sind die beiden aneinandergekettet und über ihnen übermächtig thront, im Gegensatz zum Engel auf der Karte der Liebenden, der Teufel. Colman Smith trat zwei Jahre, nachdem sie die Karten fertiggestellt hatte (sie erwähnt deren Produktion als schlechtbezahlten Job) zum Katholizismus über, möglicherweise war ihre Symbolik davon bereits beeinflusst. Jedenfalls hat das weiße Reittier des Todes ein rotes Auge, was als Indiz interpretiert wird, dass es teuflische Energie in sich trägt. Wie bereits angesprochen, ist die Dreizehn die Zahl der Transformation der irdischen, und damit, gemäß spiritistischer Auffassung, vom Teufel dominierten Welt hin zur geistigen, also gottgewandten. Ich vermeide, wie Sie vermutlich bemerkt haben, in meinen sonstigen Ausführungen die plakativen, schwarzweiß zeichnenden Begriffe *Teufel* oder *Gott* bewusst. An dieser Stelle aber seien sie als Bildinhalt genannt, denn die Ursprünge der Zahlenkabbala stammen aus einer Zeit, in der diese Kategorien noch sehr präsent und kaum hinterfragt waren. Die weiße Farbe dieser Blume jedenfalls verweist auf Erneuerung, auf neues Leben.

Da das in diesem Buch vorgestellte, spezielle numerologische System mündlich tradiert wurde und es keine Urheber*innen im rechtlichen Sinn gibt, entwickelt es sich mit jeder und jedem Anwender*in weiter, der jeweiligen Zeitqualität entsprechend angepasst. Wie bereits an anderer Stelle erwähnt, geht es aus heutiger Sicht nicht mehr um Schuldzuweisungen und eine »mea-culpa«-Haltung, vielmehr werden Einflüsse unterschiedlich dichter Energiequalitäten aufgezeigt, deren Thematik die Seele zu konfrontieren sich bereit erklärt hat. Aus Seelenperspektive geht es immer um die Ganzheit, das heißt, auch um die Seelengemeinschaft – auch wenn all diese Begriffe nur Hilfsmittel sind, um eine Dimension zu beschreiben, die unser bewusst dreidimensional begrenzter Menschenverstand intellektuell nicht zu erfassen imstande ist. Doch als Gefühl kann es ansatzweise erahnt werden, unsere Zellen tragen das Wissen des mehrdimensionalen und nicht individualisierten Seins ebenso in sich wie die Erinnerung an weitere Existenzen auf der Zeitlinie.

Auch meine Bemühungen, meine eher gefühlte als gewusste Sicht in verbale Erklärungen zu gießen, sind dementsprechend unzulänglich. Deshalb bin ich so glücklich, die Form der sich quasi selber schreibenden Märchen nutzen zu können. Märchen erzählen Bilder, diese wiederum erreichen unser Herz. Dementsprechend lade ich Sie erneut ein, diese einfach wirken zu lassen, statt Ihren Verstand zu überfordern. Die Erklärungen zu den Zahlen sind nur Krücken, das wahre Verständnis taucht als Einsicht im Bewusstsein auf, meist ohne ausreichend formulierbar zu sein.

Die Dreizehn zu zweit

Eine Dreizehnerpartnerschaft ist nachvollziehbarerweise ebenfalls von Transformationsenergie geprägt. Die verstärkte Spiegelfunktion macht es für beide sehr herausfordernd, gleichzeitig sehr anregend, wenn beide sich auf das Ping Pong der gegenseitigen (wohlmeinenden und unterstützenden) Kritik einlassen. Humor ist dabei das Zauberwort, wer über sich selbst lachen kann, transformiert mit Vergnügen. Wer aber sein Ego nährt, die Selbstverliebtheit nicht angekratzt haben will, wird sich schwertun. Denn jede noch so wohlgemeinte Kritik wird treffen und augenblicklich zurückgewiesen werden. Die Folge ist der Verlust, denn dann wirkt die Trennungsenergie der Dreizehn. Sie dient aber immer unserem Erwachen, daran sollten Sie sich erinnern, wenn ihre Wirkung Sie gerade einmal schmerzhaft erwischt. »Es ist an der Zeit«, sagt sie uns. Wer unmittelbar reagiert, lernt sie als korrigierende Begleiterin schätzen, es sind dann nur Kleinigkeiten, die Teil des Alltags sind und ansonsten kaum auffallen, als nicht so bedeutsam weggesteckt, verdrängt werden. Schenken Sie ihnen Beachtung, ersparen Sie sich gravierende Lebenseinschnitte. Diese Überlegungen waren auch bestimmend in den Überlegungen, die ich vor etwa sieben Jahren mit *Claudia Kloihofer* angestellt habe, um die Grundbotschaft ihres Buches *Signale des Körpers* herauszuarbeiten. Denn einen schweren Unfall wie den ihrigen kann abwenden, wer rechtzeitig auf entsprechende Hinweise des Lebens achtet und entschlossen und aktiv (beides Viereraufgaben) reagiert. Wenn also Ihr Partner, Ihre Partnerin Sie durch sein/ihr Verhalten, auch durchaus im Streit Sie mit einer treffenden Bemerkung erschüttert, erforschen Sie, statt sich zu ärgern oder gekränkt zu sein, was bei Ihnen zur Veränderung ansteht. Ist es erledigt, wird sich auch Ihre Zweisamkeit entspannen. Die Vier fordert ja dazu auf, aufeinander zuzugehen, Ja zum (gemeinsamen) Leben zu sagen, wie es so schön heißt, *in guten wie in schlechten Zeiten.* Haben Sie Spaß, lachen Sie miteinander, dann gelingt es spielerisch.

Bevor ich mit einem letzten Märchen andeute, wie es schließlich dazu kommt, dass das Mädchen geboren wird, das uns als *Dornröschen* oder auch *schlafende Schönheit* bekannt wurde, erinnere ich noch an den Reiter, dessen Reise über dreizehn Flüsse führte, wobei er dreizehn Aufgaben meisterte. Denn »Viele Fragen ohne Antworten schwirrten nach wie vor in seinem Kopf« – die Kabbala der Zahlen kann einige davon beantworten, zumindest die, die in Ihrem Kopf herumschwirren. Sie können sich eine entsprechende Analyse erstellen lassen oder in einem Seminar in diese Welt der Zahlensymbolik eintauchen. Sowohl ich als auch einige Kolleginnen – es gibt nicht allzu viele von uns, die diesen Schatz professionell anbieten und damit teilen – stehen bereit.

Nun aber ist es Zeit, das Schloss der Dreizehn aufzusuchen, damit der Reiter nach Hause kehren und seinen wohlverdienten Ritterschlag empfangen kann.

Eine Weissagung und dreizehn Ansichten

Nun ging es dahin, der Duft der Blumen breitete sich unter ihnen aus wie ein Teppich, die Sonne begleitete mit ihren Nachmittagsstrahlen angenehm warm ihren Ritt. Das Schloss der dreizehn Schwestern empfing sie mit offenen Toren. Dreizehn Banner hingen von dreizehn Türmen herab, die Wappen jeder der Weisen Frauen zeichneten, nebeneinandergereiht, das Bild einer Landschaft. Und wieder spürte er diese Vertrautheit, die ihn gleichzeitig befremdete, er sah sich in dieser Landschaft und fühlte sie in seinem Inneren. Er war angekommen, doch nicht, um zu verweilen.

Dreizehn Tore reihten sich um den Innenhof, unter jedem Banner eines. Auf die Balkone darüber traten nun die dreizehn Weisinnen und begrüßten ihn freudig, jede auf ihre Weise. Blumen wurden ihm gestreut während er weiterging, zu einer Tafel, an der nur für einen einzigen Gast gedeckt war. Kaum hatte er sich dort niedergelassen, erschienen die Schwestern. Jede brachte eine andere Speise für den Reisenden. Nun erst merkte er, wie hungrig er war, und langte freudig zu. Nach der Stärkung und einem guten Schluck des besten Weines stellte er den Weisen Frauen seine Frage, derentwegen er diese lange Reise unternommen hatte: »Das Königspaar, dem ich diene, ersehnt seit vielen Jahren ein Kind, mir wurde gesagt, ihr wüsstet Rat. Welche Botschaft kann ich meinem König überbringen?«

Die Schwestern wussten ja schon längst, was sein Anliegen war, doch musste alles seine Ordnung haben und den Regeln gemäß sein, darauf achtete besonders die vierte. Es antwortete ihm die erste der Schwestern. Als er jetzt ihre Stimme hörte, erkannte er die Landschaft der Banner wieder. Nun verstand er auch die seltsame Vertrautheit, die er beim Betreten des Schlosshofes gespürt hatte. In dieser Landschaft am Ufer des ersten Flusses hatte er lange gestanden und schließlich sein Herz geöffnet. Nur deshalb war es ihm möglich gewesen, alle dreizehn Prüfungen zu bestehen, um anzukommen und seine Frage zu stellen. »Reite zurück, es ist ein Tagesritt. Bringe der Königin das Wasser des fünften Flusses. Fünfmal dreizehn Tage soll sie davon trinken, so lautet unsere Botschaft. Übers Jahr werden sie Eltern sein, ein Mädchen, schön wie eine Rose, wird ihr Glück vollenden. Zur Taufe werden wir kommen und unsere Geschenke bringen. Der König möge sorgen, dass alles dafür bereit ist.« Die fünfte der Schwestern, die so lebhaft war und deren Rat betreffend den Umgang mit Regeln er wohl behalten hatte, übergab ihm einen Trinksack mit dem Wasser des Lebens aus dem fünften Fluss. Sie lächelten einander an, doch lange blieb ihm nicht, diesen Moment zu genießen, denn die vierte mischte sich ein und mahnte zum Aufbruch: »Zum Spielen ist er nicht hergekommen, der neue Held, ihr seht einander bei der Taufe des Kindes wieder.« Die beiden waren recht zänkische Schwestern, die fünfte hatte es damals angedeutet. Es war tröstlich zu wissen, dass selbst so besondere und als weise bekannte Frauen menschlichen Schwächen unterlagen. Ein wenig abseits hatte die Dreizehnte das Geschehen beobachtet, sie hatte es nicht so mit dem Feiern und war nie Teil einer Gruppe, nicht einmal mit ihren Schwestern. Die wiederum respektierten sie sehr, blieben jedoch gerne auf Abstand. Sie war die Hüterin der Schwelle, die Fährfrau, alle anderen waren für die verschiedenen Lebenskapitel und deren Eigenschaften zuständig. Die Dreizehnte misstraute der Weissagung, sie ahnte, dass es einen Misston geben würde, auch wenn sie jetzt noch nicht wusste, welchen. Doch sie war bereits vorbereitet. Ihre zwölfte Schwester beobachtete diesen Prozess der Kritik, sie wünschte so sehr, dass alle gleich glücklich wären und voll Liebe zueinander, auch die Querelen der Vierten und Fünften schmerzten sie jedes Mal, doch half es nicht, die beiden mussten sich aneinander abarbeiten. Auch sie ahnte, dass sie bei der bevorstehenden Tauffeier vorbereitet sein musste, sie kannte die unerbittliche Strenge ihrer Schwester, es wäre nicht das erste Mal, dass sie im Nachhinein Schadensbegrenzung vornehmen musste. Sie freute sich schon sehr auf das Mädchen, für dessen Geburt der Reiter die Seelenschale wiedergefunden hatte und war entschlossen, alles zu unternehmen, um es erwachsen werden zu sehen und auch ihre Kinder und Kindeskinder behüten zu können. Der achten der Weisen Frauen, der es immer ein Anliegen war, dass alle die Eigenständigkeit und Andersartigkeit der anderen akzeptierten und damit ein harmonisches Miteinander gesichert war, erkannte die feinen Spannungen zwischen den Schwestern und sprach ein Machtwort: »Nun haltet den jungen Mann nicht mehr auf, lasst ihn eine letzte Anstrengung erbringen, damit er dann endlich Zeit für Erholung und Ruhe hat!« Das gefiel dem Reiter, ja, er war schon rechtschaffen müde, sein Pferd würde wohl den Heimweg wissen, dann war es schon zu schaffen, danach aber wollte er sich von den Strapazen der Reise erholen. Wobei es vor allem die vielen Eindrücke waren, die er von sich und seinen Lebenswirklichkeiten erhalten hatte, die er erst gründlich zu bedenken und verarbeiten gedachte. Die Zweite, die auch für förderliches Lernen zuständig war, sah ihm seine Überlegungen an und gab ihm ein Kräutersträußlein mit, das solle er unter das Kopfkissen legen, es sorge für Klarheit im Denken. Sie steckte es ihm an die Brust, denn während des Rittes würde sein Duft dazu beitragen, dass er wach bleibe und klar im Denken. Die dritte, der es immer ein Anliegen war, dass die Gemeinschaft zusammenhielt, forderte alle auf, sich zum Abschied an den Händen zu fassen in einem großen Kreis. Der würde den Zusammenhalt stärken und dem jungen Mann noch einmal all die Kraft der Dreizehn mit auf den Weg geben. Die Dreizehnte zierte sich, wie erwähnt mied sie üblicherweise solche Gruppenrituale, doch der Reiter, der es bis in ihr Schloss geschafft hatte, war schon ein sehr außergewöhnlicher Fall, also ließ sie sich überreden. Außerdem würde es dann schneller ein Ende haben und sie konnte zu ihrer Fähre zurückkehren, die Arbeit wartete nicht. Die siebente der Schwestern hatte bisher alles mit Abstand beobachtet, nun besprach sie sich mit der Sechsten, denn diese wusste, was wirklich nötig war, ließ Firlefanz lieber weg und konnte auch der überlegten Art der Siebenten etwas abgewinnen. Denn deren Gedankenstärke unterstützte sie, die Situation in allen Einzelheiten zu analysieren. Schließlich aber rundete das Denken des Herzens alles wohlgefällig ab. Sie hielt dies für wichtig, damit auch nichts vergessen würde, was für das ordentliche Gelingen des Unternehmens nötig war. Beide kamen zu dem Schluss, dass alles seine Ordnung hatte und sie einen Mann nach Hause schickten, der noch viel zur Heilung der Menschen seines Landes beitragen würde. Denn er hatte gelernt, das Leben in seiner Ganzheit zu betrachten und Lösungen zu finden, die der Gemeinschaft dienten. Die Neunte pflichtete ihnen zufrieden bei, er war viele Schritte gegangen – oder auch geritten –, so hatte er durch sein Erleben viel gelernt und ein wenig Weisheit gewonnen. Vor allem aber hatte er Zeit und Gelegenheit gehabt, sich selbst kennenzulernen, abseits des von Regeln und Befehlen und immer gleichen Tagesabläufen bestimmten Lebens im Gefolge seines Königs. Wozu es einen solchen brauche, hatte die Neun ohnedies nie verstanden. Wer das Leben in eigener Verantwortung lebt und den Kindereien der Fünf entwachsen war, der brauchte niemanden, der oder die für ihn oder sie Entscheidungen traf. Da mischte sich die Acht ein, sie wandte ein, dass es doch ab und an Menschen brauche, die auf Grund ihrer Stellung Entscheidungen treffen konnten, wenn zwei sich nicht einig wurden. Doch auch sie wusste, dass allzu viele diese Macht nur zum eigenen Nutzen einsetzten, was selbstverständlich nicht im Sinne der Sache war. Nun endlich war auch die Zehn aufmerksam geworden. Sie hatte ja dafür gesorgt, dass er die Seelenschale suchen ging und die farbenprächtige Illusion des Regenbogens zum Schutz über diese legte. Macht, aber vor allem das Gieren nach den weltlichen Schätzen, darüber wusste sie viel zu berichten. Doch ihre Schwestern wollten es nie hören, sie achteten lieber auf Gedanken, Absichten und Taten als darauf, wie die Menschen ihre Sachgüter verwalteten. Doch wenn sie dann darüber ins Streiten gerieten, dann mussten sie eingreifen, besonders ihre achte Schwester hatte dann zu tun. Wobei das Regelwerk, das sie dafür nutzte, nicht immer zu dem passte, was die Neunte als gerecht empfand. Mitunter musste dann die Dreizehn ein Machtwort sprechen. Die Einzige, die bisher ganz still gewesen war und sich mit den Tieren unterhalten hatte, war die Elfte. Doch nun war ihr die Verzögerung der Verabschiedung zu lang geworden, sie wandte sich ihrer dreizehnten Schwester zu und bat sie, dafür zu sorgen, dass die Versammlung sich wieder vernünftigen und dringlichen Angelegenheiten zuwandte. Denn seit die Schale wieder im Schloss war, ordnete sich so manches im Land neu, etliche, die Macht innegehabt hatten, waren entthront worden, die Menschen übernahmen erneut selbst die Verantwortung für ein gedeihliches Gemeinschaftsleben und weil nun auch die Seelen aus der Schale zu Kindern werden konnten, wären sie in Zukunft besonders gefordert, diese zu begleiten und deren Empfindsamkeit zu schützen. Als sie darüber nachsann, lief ein Leuchten über ihr rundliches Antlitz, der junge Reiter merkte es wohl. Auch er wollte endlich aufbrechen, doch noch brauchte er Antworten auf die Fragen der Dorfbewohner. Es waren die kleinen Sorgen des Alltags, die diese beschäftigten, und auch für sie gab es guten Rat. Auch dafür dankte er, nach seiner Rückkehr würde er in alle dreizehn Dörfer reiten und die Botschaften überbringen. Danach erhob er die Stimme zu einem letzten Gruß und Dankesworten und verließ den Kreis. Er bestieg sein Pferd und ritt der Abendsonne entgegen.

ANHANG

Danksagung

Mein erster Dank geht wieder einmal an meine Verlegerin, *Verena Minoggio-Weixlbaumer.* Obwohl sie sich selbst in ihrem gleichnamigen Buch als Stressmacherin bezeichnet, zeigte sie sich höchst verständnisvoll und geduldig. Offenbar ist sie der Weisheit schon nahegekommen, denn mit ihrer Basiszahl Neun kann sie gar nicht anders, als in ihrem sehr vergnüglichen Buch beschrieben. Ein kurzer Chat mit ihr erbrachte die Lösung: »Kauf ich mir eben eine externe Eule.« Bei Harry Potter klappt das recht gut. Ihr pointierter Humor, abgebildet in einer sehr versteckten Dreizehn in ihrem Zahlenbild, transformiert jedenfalls ihre Themenfelder. Geduldig musste sie diesmal sein, denn der im Vorwort angesprochene Umzug ins reale Märchen bedeutete, dass ich oft tagelang nicht zum Schreiben kam, das Manuskript musste warten, die Lektorin ebenfalls. Nur die Druckerei, die wartete nicht, deshalb erinnerte mich *Elmar Weixlbaumer* einmal recht deutlich, aber dennoch sehr zurückhaltend daran, mein Manuskript fertigzustellen. Beide sind ein Verlegerpaar wie aus dem Bilderbuch, neben der verlegerischen Unterstützung meiner Schreiberei haben sie mich auch in ihren Lektor*innenlehrgang eingebunden, ein Seminartag gehört dem Gedankenrecycling und damit der kreativen Anregung für die angehenden Textexperten und -expertinnen. Aber auch die Methodik des *intuitiven Schreibens,* der ich nun bereits das vierte Buch verdanke, hat Platz im Seminarangebot der *Goldegg Training Buch-, Medien- und Verlagsakademie.*

Damit es dennoch knapp, aber doch fertig werden konnte, haben großartige Menschen aus sieben Nationen mitgeholfen. Nicht am Text, sondern damit der Umzug gelingt und das neue Heim die inspirierende Umgebung bieten konnte. *Milan, Abbas, Raffael, Samantha, Michael, Hosro, Mamet, Karin, Conny, Anel, Karl.* Ebenso meine Familienmitglieder, *Claudio, Valentin* und *Francois.* Alle waren mit vollem Einsatz dabei, damit alles termingerecht über die Bühne ging. Jeden Tag war ich dankbar, so großartige Menschen um mich zu wissen, mit dem Danken hab ich dann so ganz nebenbei meinen Serotoninspiegel angehoben. Die daraus wachsende Freude wiederum war Antrieb für neue Märchen.

Für erste wichtige Anregungen zu Hintergrundinfos betreffend Märchen war *Sonja Littig-Wengersky* bereits sehr früh großzügige Spenderin. Mit ihrer Dissertation sowie der dazugehörigen Literatur erhielt ich einen spannenden Einblick in die Perrault'sche Variation der *archetypischen schlafenden Schönheit* sowie in Historie und psychologische Hintergründe der tradierten Märchen, nicht zuletzt aber auch deren Zahlensymbolik.

Noch mehr Menschen haben mich mental unterstützt, indem sie sich mit mir freuten, ihre Begeisterung zeigten, meine Postings *like*-ten – zu viele, um hier namentlich aufgezählt zu werden.

Und jedes Mal aufs Neue bedanke ich mich bei meinen Leserinnen und Lesern, die sich in die Welt der Märchen wagen, aber ebenso begeistert sich in die uns umgebende zurückbegeben, indem sie sich anhand der Sachinformation in den Zwischenkapiteln in die jeweilige Materie vertiefen. Ihnen wünsche ich viel Freude mit diesem Buch, wenn Sie meine anderen noch nicht kennen, lade ich Sie ein, in der Folge auch diesen bunten Märchenreigen zu erforschen.

Zum Abschluss, aber nicht als Letztes, bedanke ich mich beim Universum, aus dem die Geschichten durch meine Finger fließen, dieses unendliche Reservoir an Kombinationen ist unversiegbare Inspirationsquelle, die sich in immer wieder neuen Buchstabenkombinationen manifestiert. E = mc², hat Einstein errechnet.

Quellen- und Literaturverzeichnis

Beit, Hedwig von; Symbolik des Märchens; Francke, 1952
sowie: Das Märchen : sein Ort in der geistigen Entwicklung; Francke, 1965
Bentley, Peter J. ; Das Buch der Zahlen. Das Geheimnis der Zahlen und wie sie die Welt veränderten; primusverlag
Betz, Felicitas; Heilbringer im Märchen. Einübung in schauendes Denken; Kösel
Cheiro; Das Buch der Zahlen; V^^erlag Hermann Bauer
Dalichow, Irene; Booth, Mike; Aura Soma, Heilung durch Farbe, Pflanzen und Edelsteinenergie; Knaur
Enzensberger, Hans Magnus; Der Zahlenteufel. Ein Kopfkissenbuch für alle, die Angst vor der Mathematik haben.; Hanser
Hasselmann, Varda und Smolke, Frank; Alte Seelen, Junge Seelen; arkana
Hitchcock, Helyn; Das große Buch der Numerologie; Arkana
Kaplan Stuart R.; Greer, Mary K.; Foley O Connor, Elizabeth; Boyd Parsons, Melinda; Pamela Colman Smith: The Untold Story; U.S. Games Systems Inc.
Kloihofer-Haupt, Claudia; Signale des Körpers; Goldegg
Kloihofer-Haupt, Claudia; Die Intelligenz der Zellen; Goldegg
Mandel, Gabriele; Gezeichnete Schöpfung. Eine Einführung in das hebräische Alphabet und die Mystik der Buchstaben; marixverlag
Millman, Dan; Die Lebenszahl als Lebensweg; Ansata
Morais, Fernando; Der Magier: Die Biographie des Paulo Coelho; diogenes
Reichstein, Herbert; Kabbala. Magie und Symbol der Namen und Zahlen; Verlag Richard Schikowski , 1961
Sills-Fuchs, Martha; Wiederkehr der Kelten; knaur

Wall, Vicky; Das Wunder der Farbheilung und die Geschichte eines Lebens; Nietsch, Hans

Wengersky, Erika; Charles Perraults Contes im Lichte einer tiefenpsychologischen Hermeneutik; Inaugural-Dissertation zur Erlangung des Doktorgrades der Philosophie an der Geisteswissenschaftlichen Fakultät der Universität Wien

Wissen und Weisheit; Numerologie; Honos Verlag

Wolf, Johann Wilhelm, gesammelt von; Verschollene Märchen; Die andere Bibliothek

Zettel, Christa; Das Geheimnis der Zahl; Heyne

Adressen:

Parzer, Sabine; holistic cance institute; http://www.holistic-dance.at/

Medien

Gehirn & Geist, Zeitschrift für Psychologie und Hirnforschung; www.spektrum.de

Verena Minoggio

Die Stressmacherin

Komisches und Ernstes aus dem Leben einer Verlegerin

Die Stressmacherin schlägt zu: Einer Verlegerin gelingt es, in jedem Bereich des Lebens sich selbst und anderen Stress zu machen, ihren Kollegen im Verlag, ihrem Ehemann, ihren Autoren und am meisten – sich selbst. Zeit ist schließlich kostbar!

Stress bereitet der Stressmacherin nicht nur ihr persönlicher Schweinehund, auch die Vögel im Schrebergarten zwitschern ihr vorwurfsvoll zu, wenn sie sich kurz Ruhe gönnt. Ob mit der Technik, beim Kochen oder in der Natur, Stress lauert einfach überall.

Vergnügliche, spritzige Unterhaltung, in der sich viele Leserinnen und Leser wiederfinden werden.

Verena Minoggio ist Verlegerin aus Leidenschaft. Sie leitet den Goldegg Verlag und blickt auf zahlreiche erfolgreiche Buchprojekte zurück. Dazwischen coacht sie Autorinnen, lehrt und hält Vorträge – wenn sie Zeit dafür hat!

Hardcover 136 Seiten
Format 13,5x21,5cm
ISBN: 978-3-903090-44-6

Preis: 14,⁹⁵ €